VENUS PUBLISHING CO.
金星出版
命理生活新智慧・叢書
U0084310

命理生活新智慧・叢書 44-1

如何轉運、立命

《修訂一版》

金星出版社 http://www.venusco555.com
E-mail:venusco555@163.com
venusco@pchome.com.tw
法 雲 居 士 http://www.fayin777.com
E-mail:fayin777@163.com
fatevenus@yahoo.com.tw

法雲居士⊙著

國家圖書館出版品預行編目資料

如何轉運、立命《修訂一版》／ 法雲居士著， --臺北市：金星出版：紅螞蟻總經銷，2009年[民98年]3月修訂1版； 面；公分—（命理生活新智慧叢書；44-1）

ISBN:978-986-6441-01-1
（平裝）

1.命書 2.改運法

293.1 98003372

如何轉運、立命《修訂一版》

作　　者：法雲居士
發 行 人：袁光明
社　　長：袁靜石
編　　輯：王璟琪
總 經 理：袁玉成
地　　址：台北市南京東路三段201號3樓
電　　話：886-2-25630620，886-2-27550850
傳　　真：886-2755-3460
郵政劃撥：18912942金星出版社帳戶
總 經 銷：紅螞蟻圖書有限公司
地　　址：台北市內湖區舊宗路二段121巷19號
電　　話：(02)27953656(代表號)
網　　址：http://www.venusco555.com
E-mail：venusco555@163.com
venusco@pchome.com.tw
法雲居士網址：http://www.fayin777.com
E-mail　：fayin777@163.com
fatevenus@yahoo.com.tw

版　　次：2009年3月修訂1版
登 記 證：行政院新聞局局版北市業字第653號
法律顧問：郭啟疆律師
定　　價：350元

行政院新聞局局版北字業字第 653 號
(本書遇有缺頁、破損倒裝請寄回更換)

ISBN：978-986-6441-01-1（平裝）

（因掛號郵資漲價，凡郵購五冊以上，九折優惠。本社負擔掛號寄書郵資。單冊及二、三、四冊郵購，恕無折扣，敬請諒察！）

序

此本書是一套三冊書的第三本書。前兩本是『如何觀命、解命』、如何審命、改命』。這第三本書是談到『運』的部份的內容，因此叫做『如何轉運・立命』。

前兩本談的是如何看命？看命盤中那些資料？這些資料又代表什麼意義？有關看命、解命、審命，我是用逆向思考的方式來闡述為什麼財不多、運不好，為什麼沒有助力？再反過來讓你瞭解當你沒有刑運、刑財格局時，你是不是太好命了？這也是先告訴你不好的『果』是由於不好的『因』所引起的。間接的也告訴了你：要改善財運、命運，就是要改掉不好的『因』所導致產生的『果』，這樣人生就會順暢了。情勢就能改變了，這才是真正的轉運。

人要轉運，還取抉於你是不是會下決心、或定志向去改。因此『立命』也是很重要的。

我一再說過：人命中『財』是很重要的，『財』攸關生命、福祿、成

就。是人生前、死後還能蔭福別人、綿遠流長、造福自己，也能造福別人的重要資源。人命中『運』也很重要。『運』攸關於你掌握不掌握得到你想要得到的財。因此『財』和『運』就組合了人生。但是光有這些是不夠的。最好還有其他的助力，例如『印』、『蔭』、『福』，這些資源能支援『財』和『運』。使人生更美滿圓通。

所以我在談過『財』後，就繼續把『運』和『印』、『蔭』、『福』給繼續談完，這樣我們就會有整體的認識，瞭解原來在我們自己的命程中是這麼一個循環的程式系統。也原來人生的運程是要這樣走的才順。也原來我們命中有這些傷剋是要改進的。而不是只一昧的想發財、求官、求好運，向老天爺漫天要價，要不到就怨天怨地。

最近有一個學生對我說：『老師！有一個紫微斗數的派別就完全不用星曜的旺弱來論命、看命。』

我奇怪的問他：『那用什麼來看呢？』他支唔以對。

事實上，星曜在十二個命盤格式中（也就是十二個星盤）中，早已座落在位，旺弱已經分出俱在了。例如機梁同宮，天機居平、天梁就居廟了，這是完全靠居廟的天梁來獨撐大局的意思。天機居平，表示智慧不足，是小聰明。天梁是穩定的星，具有機謀、善舌辯、好競爭。機梁同宮時，相互拉扯融合，因此形成了喜歡管閒事，好為人出主意，但多半是餿主意，三分鐘熱度，沒耐性，沒擔當，好聒噪、言不由衷的狀況。這一切都是由於星的旺弱來主導星曜性格的本質，豈能說你放棄星曜旺弱來論命，就真的是放棄了呢？況且若真是星曜都沒有了旺弱層次之分，又怎能分出人的賢愚優劣和財富的層次多寡出來呢？這樣命也算不準了。所以我覺得此學生的頭腦非常有問題。常想這樣是非不清的問題，學習能力又如何能增進呢？那是學什麼老不好的了。所以我常要學紫微斗數的學生們務實，把十二個星盤的星曜位置要記好。知道星曜的位置，自然旺弱分出，解釋命盤也就十分容易了。現在很多人學習紫微斗數經年，卻始終沒辦法獨立解盤，就是基本功夫沒有學好。又覺得自己聰明，犯不著做基本功夫，也犯不著記憶那麼多東西，隨便看看就好了。所以一直沒辦法進入高階的斗數境地。

每當我看到這樣的人，就知道他一定是學成『半罐水』的程度了，也沒辦法再多精進了。十分可惜。所以我一定要求來學習紫微命理的學生要從頭學起，把基礎打好。倘若你的基礎已經建全，後面教得就很快了。也要求學生一定要願意讀書，喜歡找資料，也願意接受考試。這樣我才會知道學生是否真的瞭解了多少，你也才真正的學到了東西。否則將來你遇到不清楚、不瞭解的問題時，就不知如何解釋，要怨嘆老師了。

某些人自以為學了很多年，程度不錯了，但沒有和別人比較，你如何知道自己的實力呢？就像學校經過考試，有了等第，通過考試的人才是有真材實料的人一樣。所以我希望來學命理的人，都是踏實、誠意、認真的想弄懂生命意義的人。而不是插科打諢，只沾點邊就神氣活現、自以為已瞭解命運的人。在此與讀者共勉之。

法雲居士　謹記

命理生活叢書44-1

如何轉運・立命

《全新修訂版》

前言／011

第一章　轉運成功的要件／017

第二章　『刑運』格局對人生的影響／029

第一節　運星的旺弱直接影響到人的運氣／030

第二節　貪狼和羊、陀、劫、空、化忌之刑運格局對人之影響／036

貪狼、擎羊的刑運格局／036

・目　錄

紫貪、擎羊的刑運格局／067
貪狼、陀羅的刑運格局／077
武貪、陀羅的刑運格局／102
貪狼化忌的刑運格局／130
貪狼和地劫、天空的刑運格局／182

第三章 『天機星』的刑運格局

第三章 『天機星』的刑運格局／209
第一節 天機星的本質／209
第二節 天機星刑運的格局／215
天機、擎羊的刑運格局／216
天機、陀羅的刑運格局／219
天機、火鈴的刑運格局／221
天機、劫空的刑運格局／223
天機化忌的刑運格局／225

第四章　『刑印』格局對人生的影響／227
第五章　『刑蔭』格局對人生的影響／231
第六章　『刑福』格局對人生的影響／237
第七章　『財』和『運、印、蔭、福』綜合的看法／243

前言

如何『如何轉運、立命』這本書和另外兩本『如何觀命、解命』、如何審命、改命』是一套三冊的書。

『如何轉運、立命』可以說在我們研究命理，在觀命、審命之後，已進入第三個步驟（最後一個步驟），而達到最後掌握、支配或裁剪、塑造自己的命、運的成熟階段。

這三冊一套的書，整個講起來，它就是用專業的方法分析人的命格和命理，由人的基本性格面找出其人利於在社會環境中生存的、榮茂的利益條件。同時也找出人不利於在社會環境中生存、會使其人萎縮或享受不到快樂生活的耗敗條件，然後做截長補短、更正的工作，使人更能掌握自己的命運，使自己能夠達到通體康泰、富裕、身心安定，能找到自己人生歸屬的立命法寶。

如何轉運・立命

『命理學』，一言與以道之的就是：講的是『時間』的問題。八字學用人的生辰八字溯及既往，來印證現今的狀況。紫微斗數更科學、更進了，不但看得到以往，也看到現在和未來。並且更看得出是因為什麼原因所造成的後果，而且還顯示出在什麼時候是改正、修復進入另一個層次因果的最佳時機。或是顯示出可更上層樓的最佳時機。

『命』和『運』是兩種不一樣的東西。『命』是人原本思想、意念、精神所包含擁有的東西。它是屬於每個人天生的、與生俱來的質量。『運』是循環流動在天地間，也可以說是由無數個『時間點』所組成的分子原素。『命』是要經過時間的挪移、轉變、累積、累進而得到洗煉、淬礪而能有所悟。再從生活中所發生的事件，好事或壞事發生的時間點加以歸類、規劃，而產生經驗法則，懂得制化，如此就掌握了『運』這個東西了。

在紫微命局中『殺』、『破』、『狼』的年份就是個重要的命運變化的轉折點。而『殺』、『破』、『狼』坐命的人，也是個最擅長利用轉變企機、製造人生提高層次變化的人。正牌『殺』、『破』、『狼』命格的人多半不

算命。因為他們已經熟知自己的命運轉折點在什麼地方了。會算命的『殺』、『破』、『狼』命格的人，則多半命局中有刑耗剋破、力不從心，因此對人生茫然，看不出、也找不到命運的轉折點。自然也無法立命了。

至於『立命』是怎麼回事呢？

『立命』就是要在人生中立定一個目標。這個目標不但是要讓自己在生命週期中過得舒適、富裕、快樂、康健。更重要的是要對在自己周圍的人，對別人也要是有利益、有價值的。能創造出高價值的人生。這就是『立命』了。

千百年以來，有的人把做大官當做立命。有的人把賺大錢、做大老闆當做立命。但從命理學的觀點上來看，一個人只要能照顧好自己，不要麻煩、連累、牽扯別人。有小餘力的時候，照顧好自己的家庭。有大餘力的時候，為其他的百姓做一些事，能照顧千百、千萬的人，這才是真正的『立命』。因此『立命』有『小立命』、『大立命』之分。普通人想努力工作，多賺一點錢，使家中生計好一點，這是『小立命』。有許多醫生具有史懷哲精神到

如何轉運．立命

偏遠的鄉間為貧苦的鄉民看病義診。又例如慈濟的同仁救貧困災難於世界上的各個角落，這些都是『大立命』了。小老百姓做『小立命』足矣！有大志向的人，則會有『大立命』於天地之間，永垂不朽。

當一個人頭腦清楚的時候，就是他轉運的時機了。他會在心裡很客觀的評量自己的能力，找出自己人生的方向，立定一個近程和遠程的目標，努力朝目標去一步一步的達成、邁進，這就是先轉運再立命的確實績效了。

很多人常常跑去問算命師轉運的時間，何時會轉運？其實轉運的確實時間，只在人思想轉變的一煞那的時間上，也就是在『靈機』一動的時刻。人只要想通了，就會做一百八十度的轉變，這就是轉運了！

目前一些企管人士提倡『危機就是轉機』的概念，也就是源自於這樣的一個想法。當人發生危機的時候，就會受到驚嚇、害怕而迅速的展開檢討自己的處境。經由反覆的檢討、評估，就會發現自己前面的路途還有許多條路，這就是轉機了。只要踏上另一條你評估認定的路途，那就是『轉運』了。

人在危機發生時，要客觀一點看事情。這種客觀就是要降低一點標準。

從人的基本面、基本需求來看事情。轉機和轉運都是必須經過審慎的思考和檢討才能找到好的轉機和轉運的方法的。

有一個人來算命，要找工作一直找不到，問我何時能找到？他本來是學會計的，但以前工作時曾賠過錢，因此不想再找會計工作了，要找其他的工作。我問他：你還會什麼呢？他支唔以對，答不出來。看到他的命宮是陽巨，那就找和口才有關的工作吧！但是他又說：不喜歡和別人去說話，靠此賺錢。其實這個人的財、官二宮都是空宮。夫妻宮和財帛宮又有天空、地劫。這表示其人思想上不實際，看不清事實，所以賺不到錢。官祿宮是空宮，為弱運，一生工作時間不長久，斷斷續續，最後也可能乾脆不工作了，矇混過日子，由這個人一再摒棄自己的學習經歷和專長而想另找發達之路來看，此人真是頭腦不清、既不做自我檢討，也不做自我評估，自己都搞不清楚自己有什麼專長？別的老闆又怎麼知道你是可用之材、會給你工作呢？再則人沒有工作、阮囊羞澀了，一切就是從頭開始了，有飯吃、有薪水先解決眼前的問題就很不錯了，居然還一味的固執，看不清事實的真相。看起來此人一定有家人可

如何轉運・立命

依靠，受點氣也沒有關係。這一定要等到他那一天受不了氣了，才發奮圖強，離開家去真正好好的找工作。這時才真正是他的轉機和轉運的時刻了。

這本『如何轉運・立命』是接續前兩本談『財』在人命格中的影響之後，繼續談『運』和『印』、『蔭』、『福』在人格中對人一生的影響。當然『運』、『印』、『蔭』、『福』等問題也是和『財』有直接關係的。有刑財格局的人，很多都是因為命格中有其他的刑運、刑印、刑蔭、刑福格局所連帶造成的問題。我們由瞭解這些相互之間的牽連，繼而找出應對的辦法，就能化危為安，轉運成功，有了人生更高層次的希望，立命就可達成了。敬祝大家隨時找到自己的轉機和轉運的時刻！

第一章 轉運成功的要件

在人生中，『財』和『運』都是很重要的東西。在第二冊『如何審命、改命』中已談過『財』的問題了。所以在這冊裡，來談『運』的問題。

人要有財、賺到錢，其實和運有很直接、很親密的關係。我們可以看到武曲財星坐命的人，其遷移宮就是貪狼運星，因為運氣好，得財就容易，所以獨坐財城。像武貪坐命的人，是財星和運星同宮坐命，表示其本人就是靠對財和對運的敏感力在生活的。腦子裡面就是財和運，所以他們對財和運的嗅覺靈敏，想不發都難了。這就是『財』和『運』之間相互依存的關係。

『刑財』的人，常常就是運不好了。『刑運』的人也常是『刑財』的人，或財少的人。我們可以從很多命盤實例中可看出來。當然人還會因為很多其他的原因財少或運空。例如有『刑印』、『刑蔭』、『刑福』格局的人，也

會造成『刑財』和『刑運』。

倘若在我們的命格中，運星沒有受到刑剋，那你所具有的財富會高於同命格的人，相形之下，財祿就會多了。

當你的命格中，運星（貪狼和天機）沒有陷落，以及沒有和擎羊、陀羅、劫空、化忌同宮時，你就可利用貪狼和天機的時間中轉運成功。得到更高層次的人生。

倘若命格中的貪狼和天機更在旺位，且帶化權、化祿，那轉運的力量更強大，會三級跳的往上衝，無往不利。

另外貪狼和武曲、火星、鈴星會形成『武貪格』、『火貪格』、『鈴貪格』，只要沒有化忌、劫空同宮或相照。同宮是一定不發的。在對宮是：有貪狼運的這一年會發。所爆發的暴發運會給你帶來不同的人生，是最高層次的好運了。

貪狼星是主財、主武職的運星。而天機星是主文職的運星。天機不帶財，是運氣上、下、高、低的轉變，有升降起伏的特性。天機居旺時，運氣是往上、往高處走的。天機居陷時，運氣往下滑、落入無底深淵。

每個人都可利用自己命盤上這兩個運星所坐落的宮位所代表的時間來創造、改變自己的運氣。也就是用此二運星的時間來改運、轉運了，其實在人命格中，有一個運星好，就非常不容易了。你可仔細看看：在十二個命盤格式中會是只有一個運星好，另一個運星不是居平，就是居陷。所以每個人只有一半的機會來轉運，要想轉運，你就要會把握機會，才會成功。

十二個命盤格式轉運成功的流年時間

1. 『紫微在子』命盤格式

『紫微在子』的命盤格式中，貪狼是居旺的，天機是居平位的。所以有好運能轉運的是貪狼運，而天機運會運氣下滑、

①紫微在子

太陰(陷) 巳	貪狼(旺) 午	天同(陷) 巨門(陷) 未	武曲(得) 天相(廟) 申
廉貞(平) 天府(廟) 辰			太陽(平) 天梁(得) 酉
卯			七殺(廟) 戌
破軍(得) 寅	丑	紫微(平) 子	天機(平) 亥

愈來愈不行，運氣滯礙難行。

貪狼在午宮，故午年（馬年）會有好運，會轉運成功。流月也是行經午宮的月份易轉運。流時在午時有好運。

2.『紫微在丑』命盤格式

『紫微在丑』命盤格式中，天機居廟，貪狼居陷，故只有天機運適合轉運。這是運氣向上走，愈攀愈高，轉機十分強烈的運氣。

在子年有此轉運的旺運機會。流月也是行經子宮的月份。流時是在子時有好運。

②紫微在丑

廉貞(陷) 貪狼(陷) 巳	巨門(旺) 午	天相(得) 未	天同(旺) 天梁(陷) 申
太陰(陷) 辰			武曲(平) 七殺(旺) 酉
天府(得) 卯			太陽(陷) 戌
寅	紫微(廟) 破軍(旺) 丑	天機(廟) 子	亥

3. 『紫微在寅』命盤格式

『紫微在寅』命盤格式中，天機落陷。貪狼居廟。故只有貪狼運是旺運機會。而且是『武貪格』偏財運格，只要沒有劫空，化忌同宮，便可一飛沖天，運氣好的不得了，會多獲錢財和事業發達。

在辰年有此好運，戌年也不錯，也有暴發運。流月為行經辰、戌宮有轉運、暴發運之企機。流時在早上七、八點左右。

4. 『紫微在卯』命盤格式

『紫微在卯』命盤格式中，天機居得地之位和太陰居旺同宮，而貪狼居平，故

③紫微在寅

巨門(旺) 巳	廉貞(平) 天相(廟) 午	天梁(旺) 未	七殺(廟) 申
貪狼(廟) 辰			天同(平) 酉
太陰(陷) 卯			武曲(廟) 戌
紫微(旺) 天府(廟) 寅	天機(陷) 丑	破軍(廟) 子	太陽(陷) 亥

④紫微在卯

天相(得) 巳	天梁(廟) 午	廉貞(平) 七殺(廟) 未	申
巨門(陷) 辰			酉
紫微(旺) 貪狼(平) 卯			天同(平) 戌
天機(得) 太陰(旺) 寅	天府(廟) 丑	太陽(陷) 子	武曲(平) 破軍(平) 亥

在機陰運中是有轉運的機會。在紫貪運中，較不可能。因為貪狼居平，全靠紫微在力輔吉祥的關係。

在寅年走機陰運能愈變愈好。流月為行經寅宮的月份有轉機。流時是寅時有好運。

5.『紫微在辰』命盤格式

『紫微在辰』命盤格式中，天機和巨門同宮居旺，貪狼是居平位的，故機巨運是具有轉變企機的運程，且會因高知識水準有轉機，雖帶有是非、口舌，但吵架會贏，運氣往上升，愈變愈是非，運氣就愈旺。貪狼居平無運。

在卯年有此轉變的好運，流月是行經

⑤紫微在辰

天梁(陷) 巳	七殺(旺) 午	未	廉貞(廟) 申
紫微(得) 天相(得) 辰			酉
天機(旺) 巨門(廟) 卯			破軍(旺) 戌
貪狼(平) 寅	太陽(陷) 太陰(廟) 丑	武曲(旺) 天府(廟) 子	天同(廟) 亥

卯宮的月份。流時是卯時（早上六點左右）。

6.『紫微在巳』命盤格式

『紫微在巳』命盤格式中，天機和天梁同宮居平，愈變愈不佳，只是多費口舌。貪狼和武曲同宮居於廟位，故貪狼是轉運最佳的企機。且有暴發運，只要沒有化忌、劫空同宮，暴發運就一定會發。多得財富，情勢大好。

在丑年有暴發運是轉運的一年。流月行經丑宮的月份，也有轉運的企機。流時是丑時有好運。

⑥紫微在巳

紫微(旺) 七殺(平) 巳	午	未	申
天機(平) 天梁(廟) 辰			廉貞(平) 破軍(陷) 酉
天相(陷) 卯			戌
太陽(旺) 巨門(廟) 寅	武曲(廟) 貪狼(廟) 丑	天同(旺) 太陰(廟) 子	天府(得) 亥

7.『紫微在午』命盤格式

『紫微在午』命盤格式中，天機居平，貪狼居旺，故在子年的貪狼運是轉運的企機，在巳年的天機居平運則愈變愈壞。

在子年能轉運成功。流月在行經子宮的月份。流時是子時有好運。

8.『紫微在未』命盤格式

『紫微在未』命盤格式中，天機在午宮居廟，廉貪同宮俱陷落，故轉運企機是天機運。

在午年午時有運氣上揚，愈變愈好的趨

⑦紫微在午

天機(平) 巳	紫微(廟) 午	未	破軍(得) 申
七殺(廟) 辰			酉
太陽(廟) 天梁(廟) 卯			廉貞(平) 天府(廟) 戌
武曲(得) 天相(廟) 寅	天同(陷) 巨門(陷) 丑	貪狼(旺) 子	太陰(廟) 亥

⑧紫微在未

巳	天機(廟) 午	紫微(廟) 破軍(旺) 未	申
太陽(旺) 辰			天府(旺) 酉
武曲(平) 七殺(旺) 卯			太陰(旺) 戌
天同(平) 天梁(廟) 寅	天相(廟) 丑	巨門(旺) 子	廉貞(陷) 貪狼(陷) 亥

勢。流月是行經午宮的月份。流時是午時會轉運。

9.『紫微在申』命盤格式

『紫微在申』命盤格式中，在戌宮的貪狼是居廟的，而天機是居陷落的。故只有貪狼運可轉運。貪狼運又是『武貪格』暴發運格，只要沒有化忌、劫空，就一定會有暴發運。運勢超大的，可多得錢財和事業運大發。

在戌年時走貪狼運會轉運成功。流月在行經戌宮的月份，流時是戌時。

⑨紫微在申

太陽(旺) 巳	破軍(廟) 午	天機(陷) 未	紫微(旺) 天府(得) 申
武曲(廟) 辰			太陰(旺) 酉
天同(平) 卯			貪狼(廟) 戌
七殺(廟) 寅	天梁(旺) 丑	廉貞(平) 天相(廟) 子	巨門(旺) 亥

10. 『紫微在酉』命盤格式

在『紫微在酉』命盤格式中，貪狼居平，天機和太陰同宮，天機在得地合格之位。故可改運、轉運的是靠天機星了。

在申年行機陰運可轉運。但因同宮的太陰居平，故轉運的機緣不算頂好，財祿也少，流月是行經申宮的月份。流時是申時。

11. 『紫微在戌』命盤格式

在『紫微在戌』命盤格式中，貪狼居平，機巨同宮居旺，故可有轉運企機的是機巨運。具有口才、高知識、水準，會愈

⑩紫微在酉

武曲(平) 破軍(平) 巳	太陽(旺) 午	天府(廟) 未	天機(得) 太陰(平) 申
天同(平) 辰			紫微(旺) 貪狼(平) 酉
卯			巨門(陷) 戌
寅	廉貞(平) 七殺(廟) 丑	天梁(廟) 子	天相(得) 亥

⑪紫微在戌

天同(廟) 巳	武曲(旺) 天府(旺) 午	太陽(得) 太陰(陷) 未	貪狼(平) 申
破軍(旺) 辰			天機(旺) 巨門(廟) 酉
卯			紫微(得) 天相(得) 戌
廉貞(廟) 寅	丑	七殺(旺) 子	天梁(陷) 亥

變愈好。

在酉年走機巨運可轉運成功。流月是行經酉宮的月份。流時是酉時有好運。

12 『紫微在亥』命盤格式

在『紫微在亥』的命盤格式中，武貪同宮居廟，天機、天梁同宮，天機是居平位的，故在未宮的武貪運會有暴發運，具有強勢的轉機。

在未年能轉運成功，只要沒有化忌、劫空同宮，就有暴發運會多得錢財，且具有事業運。流月是行經未宮的月份。流時是未時。

⑫紫微在亥

天府(得) 巳	天同(陷) 太陰(平) 午	武曲(廟) 貪狼(廟) 未 ●	太陽(得) 巨門(廟) 申
辰			天相(陷) 酉
廉貞(平) 破軍(陷) 卯			天機(平) 天梁(廟) 戌 ●
寅	丑	子	紫微(旺) 七殺(平) 亥

『男怕入錯行，女怕嫁錯郎』。

現在的人都怕入錯行。

你目前的職業是否真是適合你的行業？

入了這一行，為何不賺錢？

你要到何時才會有自己滿意的收入？

法雲居士用紫微命理幫你找出發財、升官之路，並且告訴你何時是你事業上的高峰期，

要怎麼做才會找到自己有興趣的工作？

要怎樣做才能讓工作一帆風順、青雲直上，沒有波折？

『紫微幫你找工作』就是這麼一本處處為你著想，為你打算、幫助你思考的一本書。

第二章 『刑運』格局對人的影響

什麼是『刑運』?簡而言之,就是運氣不好了,受到了抵制,滯礙難行。讓人覺得不順利。在紫微命理中的『刑運』,就是運星和煞星同宮,而造成的運氣受到剋制,順行不順或沒有運氣,或是好運成空的狀況。

有的人說:運氣不重要,只要靠自己腳踏實地的努力去做,運氣是虛空的,專靠運氣是不實在的觀念。有的人說:運氣很重要,舉凡進財、考試、升官都需要運氣,甚至有人認為:人完全是靠運氣而活在這個世界上的。到底這兩者那一個對呢?

其實從一般的論法來講,兩者皆對!

現在我們來看看紫微命理的講法:

紫微命理中所談到的『刑運』格局,就指的是運星,包括貪狼和天機這兩顆運星受到牽制時，所遭遇的景況。

倘若貪狼和天機沒有被刑剋，沒有被牽制，對人會有人麼影響呢？影響很大喲！

第一節 運星的旺弱直接影響到人的運氣

貪狼星

貪狼是好運星，運動速度很快。貪狼也是桃花星，具有人緣交際的能力。貪狼像一顆活躍的原子，不斷在宇宙中穿梭、活動、永不停息。當貪狼居旺、居廟時，這顆星就不斷的創造機會和好運氣。人的財也是要靠機會和人緣不斷的展現，再加上人的決斷力量，才能確實掌握得住的。

貪狼也是偏財星，常有意外的好運而得財。我們看：貪狼和火星同宮或相照時是『火貪格』。貪狼和鈴星同宮或相照時是『鈴貪格』。火星和鈴星

都是快速運動的星曜。它們和貪狼的頻率相當時，激盪而出暴發運，而且多半暴發在錢財方面。

貪狼和武曲同宮或相照時是『武貪格』。此時貪狼和武曲俱在廟位。武曲是財星，速度沒有貪狼快，所以『武貪格』爆發時多半先爆發在事業上，再由事業上得到大財富。

貪狼星若是居平，速度就減慢了，運氣就沒那麼好了。它是和紫微同宮，或是在寅、申宮和廉貞相照的位置，是受到紫微和廉貞的制化。

紫貪同宮時，完全是靠紫微的力量來力輔平順，此時貪狼原有煞星的本性會露出來。它會性格頑固、強勢，但運氣卻沒有什麼運氣了。因為紫貪同宮是『泛水桃花』的格局，紫微和貪狼皆是桃花星，又同在卯、酉桃花地，此時注重的是桃花的獲得和享受的運氣，對其他的方面完全不顧，因此需求不一樣，所得到的結果也不一樣。

貪狼在寅、申宮也是居平，對宮有廉貞居廟相照。這時候的貪狼活動力不太好了，對宮的廉貞也是性情緩慢、強勢，對貪狼有壓制作用。兩顆星頓

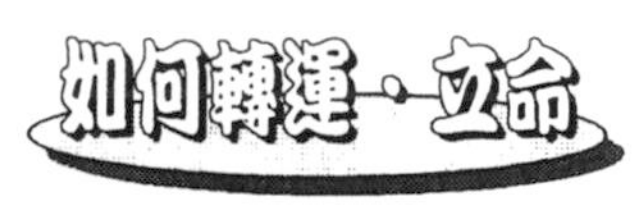

時有凶煞的特性，相互在拉扯、牽制。因此貪狼坐命寅、申宮的人，環境中多陰險爭鬥之事，運氣相對減低了。

貪狼在巳、亥宮為居陷，貪狼和陷落的廉貞同宮，這就是『刑運』的格局了。因為貪狼落陷時完全沒有運氣，再和陷落的廉貞同宮，更缺乏智慧和營謀的能力，只有邪淫桃花的運氣。如果再加上陀羅同宮或相照，就形成『廉貪陀』是『風流彩杖』格，就會因為好色貪淫而身敗名劣了。我們看：很多人在巳年、亥年在走廉貪運時，經濟狀況都不好，賺不到錢，就是因為沒有機會。另外有一些人誹聞纏身，讓事業受到考驗，這就是逢『廉貪陀』的運程所致。

因此，你可以看出，在人的命格中貪狼這顆運星的旺弱和人生的關係是如何的密切，又會造成如何的影響了。

天機星

天機是一顆聰明機智的星曜，它的速度感也很快，很迅速，但它的快與迅速也比較容易發揮在聰明、才智和身體律動方面。也就是人的聰明度和快手快腳方面的事。

天機也代表運氣轉變的速度。顧名思義就知道『天機』就是『天機靈動』的一種方式。也是在宇宙中『時間點』上會突然產生變化的一種企機。

當天機居廟、居旺時，這種時間點的變化是往上、往好的方向，向上轉變跳躍的。當天機居平、居陷時，天機的活動力減低或不動了，甚至向下滑落。因此這種時間點上的變化是往下、往壞的方向轉變掉落的。

天機這顆運星和貪狼不一樣的地方是：天機是有運用聰明度和速度及操勞的體力在運轉運氣，它常帶有是非的色彩。而貪狼運用的資源內含較多，它會運用速度感、人緣桃花、機會和一些強勢凶悍的力量（暴發格、偏財運格本身就是一種強勢凶悍的力量），再加上聰明、才智，再結合與財星的融洽關係所形成的超級運星。貪狼居平、居陷時，沒有運氣，主要也是沒有和財星相結合的關係。

天機是不帶財的星，和財沒關係。即使天機化祿，或天機和祿存同宮，財的部分也少，而且是為人服務、薪水階級的財。只有一般普通百姓衣食無缺的生活而已，不會像有『武貪格』、『火貪格』、『鈴貪格』，會藉由暴發運而有朝一日大富的可能。因此『天機』這顆運星，所帶給人的是：在這個時間點上突然聰明了，找到做事的方法，找到改變的機會，而產生變動的因子，讓工作變順利了，或是讓生活變好了一點。當天機居平、居陷時，其人會在這個時間點上變得愚笨了，或是要些小聰明瞎掰，或逃避問題，運氣已然在下滑了，又加上不聰明，沒有好的對策，或是自做聰明再做了一些搬石頭砸自己的腳的事情，自然運氣是愈變愈壞了。

在前面講過，運星若是居旺，又沒有和羊、陀、劫空、化忌同宮的，就是好運的運星。這裡要注意的是只有天機和火、鈴同宮算是『刑運』格局。

貪狼和火、鈴同宮反而有暴發運，就不是刑運格局了。但是貪狼和天機居陷時，皆算是刑運格局。

『刑運格局』裡又要注意幾種狀況：

一、運星和煞星的旺度也主宰了被刑剋的深度。例如『貪狼在辰、戌宮居廟和居廟的擎羊同宮』，和『貪狼在子、午宮居旺加陷落的擎羊』，這兩種就是截然不同的刑運格式了。刑剋的程度不同。

※羊、陀、火、鈴居旺時為害不深，居陷時為害最烈。化忌要看所跟隨的主星之旺弱而定。主星居旺者，化忌所帶來之是非災禍也較為害不深，主星居陷時，為禍最烈。因為『刑運』格局的刑剋厲害的程度，會依運星和刑星、忌星等雙方的旺度，形成不同等級嚴重的刑剋度數。

二、『刑運』格局的出現，會造成人在思想上、環境上、生活上的諸多不順，但不一定會要人的命。多半只是人緣欠佳、機會少了，賺錢不易，有血光、傷災等等的境界。除非三方形成巨、火、羊等惡格（天機星較會形成）否則日子仍過得去，只是較辛苦而已。

第二節　貪狼和羊、陀、劫、空、化忌之刑運格局對人之影響

貪狼和擎羊之刑運格局

貪狼和擎羊在辰、戌宮的刑運格局

貪狼和擎羊在辰、戌宮時，貪狼居廟，擎羊也居廟，貪狼本身居廟時就很強勢、霸道。此時再加上擎羊的霸道、自私和掠奪性，以及更多的營謀、愛生氣，為人保守、喜歡傷腦筋，愛多想，多陰謀思想。刑剋形成明顯的狀況有：傷腦筋太多而造成頭痛現象，以及人緣上略有刑傷（此時是他自己本人對外界多所挑易，有時會不想理會外人），常覺得外人讓自己應付得很累，這些外人是指除了自己以外的人，包括了家人、朋友和外界環境中的人。此

人會因為上述的關係而選擇性的與外界交往，有時也會表現出孤僻的性格出來。因為貪狼、擎羊俱在廟位，所以展現孤僻性格的時間很短，只是在某些時刻，例如走到刑運格局的時刻，才會有孤僻、躲避人群及朋友的現象。其他的時間中人緣、機會仍是非常好的。

入命宮：你的煩惱多，常有杞人憂天的現象。因為你的夫妻宮有紫府、陀羅，所以你雖愛用腦子、想得多，但常有許多問題自困於心中。你會煩惱多，心身操勞，有時有心力交瘁之感。你的心態保守，有時有機會也不太敢活動，往往會喪失好機會而怨嘆。你的臉型是長圓型。你的頭面有傷，有破相，手足也容易受到傷害。你常會有四肢無力之感，容易頭痛。當流日行經此貪狼、擎羊日時，這些症狀更加嚴重清晰。但你仍然有『武貪格』的暴發運及偏財運。有時有些小血光（例如手指破了出血），暴發運會更大。只是你一定要減少你煩惱的程度和時間，煩惱讓你失去很多機會和機緣，這是得不償失的，多運動、出汗讓身體的血液循環好，就可抵制擎羊的作用，也可增加旺運了。

入夫妻宮：夫妻宮是代表人內心深處之感情模式及想法觀念的宮位。當夫妻宮有貪狼、擎羊在辰、戌宮時，你是乙、辛年生的廉相坐命者。你的財帛宮是紫府、陀羅。表示你在內心中有強悍、霸道、自私、護短，有些陰險的想法。在你的內心中不相信別人。人緣、機會是你自己放棄的。你也會找到人緣不佳、自私、挑剔、態度凶悍的配偶，夫妻感情不佳，而且惡劣。自然在錢財的掌握上常拖拖拉拉的進財慢。不過你仍是手邊有錢的人，而耗財較多而已。你仍然有『武貪格』偏財運和暴發運。在辰、戌年暴發。你也需要靠運動活絡身體和練習拋開多思慮、煩惱的方法，多轉變環境。生氣、煩惱時，外出走走，跑跑，可心身舒暢一些，財也會順利一點。

入財帛宮：貪狼、擎羊在辰、戌宮入財帛宮時，你是乙、辛年生的七殺坐命寅、申宮的人。你的遷移宮中有陀羅。是紫府和陀羅同宮。表示在你優質的環境中有一些笨人、笨事，或是環境中表面看起來富麗，但實際是雜亂，帶有破敗景象的環境，讓你的腦子不夠用。而在錢財上的機緣受到刑剋而不佳。同時你賺錢的方式是競爭激烈，好運機會和機緣（人緣部份）受到考驗

的。因此你在賺錢方面，機會會減少了。賺錢比較辛苦。但你仍然有『武貪格』的暴發運和偏財運，會在辰、戌年暴發。在武曲的流年中暴發較大。

入遷移宮：貪狼、擎羊在辰、戌宮入遷移宮時，你是乙、辛年生的武曲坐命的人。因你本身是正財星坐命，賺錢的方法很多。但擎羊在遷移宮中會使你常不愛動。你的財是要外出打拚才賺得到的，但你常愛待在家中，有時在心態上有孤僻現象。心態保守，覺得外面的人、事、物常讓你煩心。你原本人緣、機會都很好，但有擎羊星在遷移宮中，讓你躲避、摒棄了許多機會和人緣關係。而且還使你多想、多思慮、煩惱多。雖然擎羊相照命宮，也能使你多智謀、謀略，但害多於利。你的官祿宮有紫府、陀羅，造成了你在工作上會晚發，成功的較慢。你依然有『武貪格』的暴發運和偏財運。在武曲的流年中暴發較大。在貪狼、擎羊的年份中，有小血光會暴發較大。

此種『刑運』格局，讓你操勞、身心疲累，你要多休息，多運動，養足精神、身體康健、運氣才會更好。你也必須常外出多活動，錢財才會賺得多。千萬不可在家中工作或常待在家中，會更孤癖，防礙進財。

入官祿宮：當貪狼、擎羊在辰、戌宮入官祿宮時，你是乙、辛年出生的破軍坐命子、午宮的人。你在工作上會競爭激烈，工作也使你頭痛，但仍有運氣，不用怕。因陀羅在你的福德宮和紫府同宮。因此，你在智慧上會略顯遲鈍，享到的福會減少（基本上你是愛享受物質生活的人，有陀羅時，耗財多，頭腦不聰明，有口齒、手足之傷災）。這是因為你在想法上有一些笨拙，有一些問題想不到，沒有注意到，因此在工作上會產生不利的現象。你適合做軍、警業，工作上的競爭和考驗會少一點、輕一點。做文職，你在工作上的機會、人緣和工作能力都會較差，會有斷斷續續做不長的狀況。你仍有『武貪格』暴發運，但以錢財上的獲得為主。

入福德宮：當貪狼、擎羊在辰、戌宮入福德宮時，你是乙、辛年出生的紫府、陀羅坐命宮的人。你的性格保守，心中常苦悶，愛多想。陀羅和紫府同宮又形成『刑財』的格局。此時陀羅是居陷的，因此財庫有了破洞。你適合做公務員或薪水族。因為你天生的好運被刑剋了，仍然有，但較少。雖然你的財帛宮仍然是武曲財星，但此時所得到的財，就比一般沒有陀羅在命宮的人，少了許多。而且你在精神上常苦悶、自困、放不開、煩惱多。你一定要想辦法使自己走出自設的煩惱牢籠，才能一切平順。多運動，用轉變時空環境的方法，煩惱時多出外走走，可改變心態，也改變運氣和人緣關係。因為有擎羊在你的福德宮的關係，故你容易操勞無所獲。

貪狼、擎羊在子、午宮之刑運格局

貪狼和擎羊在子、午宮時，貪狼是居旺的，擎羊是居陷的。這時的擎羊刑剋貪狼就很顯著了，直接刑剋到人緣及好運部份。譬如說：人就不喜歡活動了，較為孤獨、保守，心生芥蒂，不太與人來往，與人保持距離，自然人緣和機會就不那麼多了。貪狼原本是顆強悍的將星。擎羊是思慮陰險的刑星，這兩顆星同宮時，其人內心操煩過度，反而人較懦弱，強悍的力量沒有了，但頑固的特質依然存在或更甚的，而且計較的心態會更重。這些都是貪狼的運星受到擎羊刑星陷落刑剋的影響。

入命宮

當貪狼、擎羊在子、午宮入命宮時，你是態度、行為保守，有些沈默內斂的人，有時也有些懦弱的行為，你不容易相信別人，處處抱著懷疑的眼光。你也少和人來往，深怕吃虧和惹麻煩。你的夫妻宮有陀羅和廉府同宮，表示你的配偶也是笨笨的，聰明度不高，只知道賺錢、存錢的人。在你的內心，也是只重視自己和家人，對外界的事物不太關心。你會只忙碌於工作和家庭之間，朋友少，也不喜歡多交朋友。你一生都是勞心勞力的人。雖然你外界的環境還不錯，遷移宮是紫微，你一直是個自命高尚、生活在社會中等以上的環境，是個有知識的薪水族。你從不會逾越這個界線，衝上高層次或落入低層社會中，你會學有專長，做專門技術的行業，很守本份，辛勞一生，過你還算不差的富足生活。

倘若再有火星、鈴星同宮坐命或在對宮相照，你會在孤癖中更特立獨行，性格古怪。這是帶有『火貪格』、『鈴貪格』又兼受擎羊刑剋的特色。暴發

運、偏財運仍會爆發，但不一定會很大。倒是其人性格、行為上出現了極為與眾不同的偏好。脾氣暴躁、愛計較，人緣不好，獨來獨往，做事潦草，速度快，常有禍不單行的狀況。

入夫妻宮

當貪狼、擎羊在子、午宮入夫妻宮時，你是壬年出生的人，你的命宮中會有武曲化忌、天相。財帛宮是廉府、陀羅，這表示你在內心中對運氣掌握不好，尤其在錢財上的運氣更差。你常有金錢是非，根本不會理財，所以錢會賺得較少一些，而且會拖拖拉拉的進財慢，又帶著錢財是非。這是你本人對金錢的觀念有問題所致的。你會比較懶，做一般的薪水族就好了，不太會往高處發展。

你若是**丙年生**的人，貪狼、擎羊在午宮入夫妻宮時，你是武相坐命申宮的人。你的財帛宮有廉貞化忌、天府、陀羅。表示你內心中的想法常不合常法，在人緣關係中有排斥現象，而且有一些機緣受到刑剋而不能掌握，因而在賺錢得財中總是產生爭鬥、是非，或惹上官非等問題，得財不易。而且你和配偶的關係惡劣，彼此思想和價值觀都不同，相互剋害。你也可能不結婚。你的官祿宮是紫微，你是主貴，不主財的人，做公務員或薪水族，一生錢財會平順一點。仍要小心因錢財、帳務而惹官非之事。

你若是**戊年生**的人，貪狼、擎羊在午宮入夫妻宮時，你的財、官二宮都還很好，只有天機化忌在田宅宮中。你是心態多思慮憂煩，用心良苦，但都用不對地方的人。你生性太計較、貪心，又不經營人際關係，不為自己創造機緣，一生努力，做事辛苦，但家宅不寧，財庫不牢，永遠無法存到錢。你也會找到一個心態貪心又計較、自私的配偶，而且眼界淺，看不遠，只重視眼前的利益，並且終日和你吵吵鬧鬧無寧日的人。另外，你也可能根本不結婚，抱獨身主義。你不太會買房地產，因為房地產常產生糾紛，引起麻煩。所以你最好的辦法仍是要結婚，找一個話少，愛做事的配偶，各做各的。另外，把房地產寄在家中之人，必須田宅宮好的人的名下，這樣就容易保存了。你一生倒也順利，享福，有固定的工作和薪水就萬事太平了。

入財帛宮

當貪狼、擎羊在子、午宮入財帛宮時，表示你在財運上的機緣受到剋制，你會在賺錢時爭鬥多，要賺競爭激烈的財，十分辛苦。同時在你的遷移宮會出現陀羅，表示你外界的環境中是比較粗笨的環境，財也較少一點，你是七殺坐命辰、戌宮的人。

你若是**壬年生**的人，你的財帛宮是貪狼、擎羊在子宮，遷移宮中有廉府、陀羅。夫妻宮是武曲化忌、天相。你是因為內心中對錢財有不好的觀念，常有引起錢財是非的想法，不會理財，所以對金錢的敏感力不足，再加上外界環境中全是一些頭腦愚笨，沒有企劃、智慧能力，只是稍有一些小財的人，你在如此的環境中賺錢，當然有人和你競爭，爭財爭的凶，故而賺錢辛苦，賺得少了。

你若是**丙年生**的人。你的遷移宮會有廉貞化忌，天府、陀羅，財帛宮又是貪狼、擎羊。這表示你外在的環境中是一個充滿智慧笨拙，又頻惹官非的環境，在錢財賺取上又逢到爭鬥凶猛的景況，也是賺錢辛苦，賺錢少的情形。

你若是**戊年生**的人，你的遷移宮中有廉府、陀羅，財帛宮中有貪狼、擎羊，父母宮中有天機化忌。你是因為父母亡故或坐牢，環境不好，出生在一個財少的環境中，而錢財上的運氣受到剋制。你在賺錢方面爭鬥多，進財不十分順利，只要努力打拚，也會變好。你的福德宮是紫微，你還非常喜歡享受第一流高尚的物質生活，所以多努力也會稍有成就，只是錢財存不住而已。

入遷移宮

當貪狼、擎羊在子、午宮入遷移宮時，你是紫微坐命午宮或子宮的人。你外在的爭鬥很多，生活不寧靜，也會造成你心煩氣躁，和孤獨、保守的性格。你是孤君無輔的命格，但你有自得其樂的心境力量，會幫你自己過得很好。

你若是**壬年出生**的人，你的命宮有紫微化權、財帛宮是武曲化忌、天相，遷移宮是貪狼、擎羊，官祿宮是廉府、陀羅，表示你意志堅定能掌權，不畏爭鬥。你是主貴，不主富的人。你在錢財方面不會理財，而且多遭是非，會有債務問題，在工作上也會常有拖延、進財困難之勢。不過你是吉人天相、有無比平復災難、可制化呈祥的命格。所以所有的事都難不住你，你一定都能擺平、順利。這就是紫微化權的厲害功能了。你適合做公務員、官職，千萬不要投資做生意，否則欠下千萬債務會還得辛苦。

你若是**丙年出生**的人，你是紫微坐命子宮的人，遷移宮有貪狼、擎羊表示環境不好，爭鬥多。財帛宮是武相，你的官祿宮是廉貞化忌、天府、陀羅，表示你的財運尚好，也稍會理財。但你在工作上有官非事件，會被降職或調職，亦會遺散，因工作運不順利。你可能也會做生意或尋他途來賺錢。但工作中常有事情會遇官非不順。你適合做小生意即可。

你若是**戊年生**的人，雖然遷移宮有貪狼、擎羊，你會很保守，環境較險惡、爭鬥多，官祿宮有廉府、陀羅，你做軍警最適合，做文職一生無大發展。你的錢財還順利。有天機化忌在你的兄弟宮，只是兄弟手足間關係不好，不妨礙你在外面的發展。你會凡事只相信自己，不信賴別人。你一生喜歡賺錢。

入官祿宮

當貪狼、擎羊在子、午宮入官祿宮時，你是破軍坐命寅、申宮的人。你在事業上多爭鬥、競爭，工作辛苦，很可能也做不長久。你的福德宮是廉府、陀羅，表示你的腦筋不算聰明，做事也會慢吞吞。你的夫妻宮是紫微，你常自覺高尚，想不開，有些事你不太會去做，注重面子，注重身份，所以你的打拚能力是打折扣的，因此你會自動放棄一些好運機會。這是由於思想的問題，而導致打拚能力不足，刑剋到運氣了。也因此你很可能是不太工作，工作時間不長久，配偶養你的時間比較多。福德宮有『廉府、陀羅』時，這也是『刑財』的格局，天府受到陀羅的刑剋，財庫被磨平了。這表示你有一些愚笨，沒有經營、企劃的能力，再加上理財能力不好，耗財多，又帶有自私、想偷懶、盡為自己找藉口，因此你覺得在工作上壓力大，而不想做了。

當貪狼、擎羊在子、午宮入官祿宮時有三種狀況：

壬年出生的人，你的遷移宮有武曲化忌、天相。夫妻宮有紫微化權。所以在你的環境中就有非常大的金錢痲煩和是非災禍，而由你的配偶幫你擺平。你的配偶非常強勢的成為你的貴人。他有支配慾，所以你根本不需要工作，靠他養活就可以了。

丙年出生的人，你的福德宮有廉貞化忌、天府、陀羅，官祿宮是貪狼、擎羊，遷移宮是武相，夫妻宮是紫微。你雖工作一段時間，能賺一點錢，但工作上爭鬥多，而且你頭腦不清楚，常遭官非或嫉妒，因此做不長，但配偶好，會給你支持，養活你。

戊年出生的人，你的官祿宮是貪狼、擎羊，子女宮有天機化忌，福德宮是廉府、陀羅，表示你沒有才華，常自做聰明引起是非，工作上艱辛，本命中財庫又被磨破了，存不住財，因此你仍是個以配偶為重的人生。

入福德宮

當貪狼、擎羊在子、午宮入福德宮時，你是廉府、陀羅坐命的人。你的性子慢，帶點愚笨，較沈默，不太說話。基本上你的人緣還不錯，但你常把心事藏在肚中，常懷疑別人，而不說出來。這就是陀羅在你命宮中，擎羊又在你福德宮中，讓你心身俱疲的影響了。在你的本命中，不但有『刑財』的格局（天府被陀羅所刑），又有刑運格局（貪狼被擎羊所刑），**戊年生**的人還有天機化忌，也是刑運的格局，所以你的成就會比人少很多。動作、思想也比別人慢很多。雖然你的財帛宮是紫微，官祿宮是武相，你會在公家機關或大企業中做薪水族，勞心勞力而有平順的生活，錢財也足夠，生活充裕。

壬年出生的人，會有紫微化權在財帛宮，但有武曲化忌、天相在官祿宮，本命是廉府、陀羅。福德宮是貪狼、擎羊。這表示你在工作上會遭受到金錢是非災禍，或政治迫害，但手邊一直有錢可花用，你是勞心勞力更甚的人。

丙年出生的人，你有廉貞化忌、陀羅在命宮，有貪狼、擎羊在福德宮，財帛宮仍是紫微，官祿宮仍是武相。這表示你身上會有一些毛病，頭腦有時也不太清楚，你會有些懦弱的性格，企劃能力差，智慧不足，又勞心勞力，煩惱的事情不合於事實需要解決的狀況。你本是『刑財』又『刑運』的格局。很多好事、好機會都掌握不到。你一生會做公務員或大企業職員，錢財倒是還順利，從工作中得到的財祿足以養活你，而且過得還算富裕，為小康之家。

戊年生的人，你有天機化忌在疾厄宮，本命是廉府、陀羅，福德宮是貪狼、擎羊，是故你的身體不好，常有嚴重的傷災，手足、牙齒有傷，會破相。你具有肝臟方面及腎虧的問題，雖然本命是『刑財』又『刑運』的格局，但做公務員、薪水族，一切順利。你凡事會慢半拍，因為在你命格中有速度感的兩顆星貪狼、天機都受到剋制了，所以你的智慧活動量和身體的活動量，都受到壓制，不太動了。

武貪、擎羊在丑、未宮的刑運格局

武貪、擎羊同宮在丑、未宮時，主要是『刑財』。『刑運』也會有一些。因為武貪同宮，代表著財星、運星同宮，追求的是錢財方面的好運。當然也包括追求政治、武鬥方面的好運。所以武貪坐命的人，容易做軍警業和生意人。做生意人多半和股票、期貨，或是彩券之類和快速運轉賺錢的行業有關。

當武貪、擎羊同宮時，首先武曲財星受到刑傷剋制了，其人對錢的敏感力變差了，因此對錢財的運氣也變差了。賺錢辛苦，但性格會更凶猛、強悍一些。這是因為貪狼這顆將星的本性顯露出來。貪狼又居廟，很強勢，也很聰明、伶俐。擎羊本來就是刑星，也是大殺將之一，又居廟位。故更強勢凶悍，多智謀，因此武貪、擎羊同宮時，在錢財的部份會略減，在工作能力的部份卻是十分強悍的。但他們不能做細緻的工作，只能做軍警業這重靠爭戰奪魁的工作。所以武貪、擎羊同宮，主要刑的是財運，和一些人緣方面，因為強悍多謀，別人會怕他。其實在工作上倒不成大害的。

武貪、擎羊入命宮

當武貪、擎羊入命宮時，要看出生的年份定人生的格局

出生在丁年的人，你是坐命未宮的武貪、擎羊坐命者，你的夫妻宮有天府、陀羅，你的父母宮是太陽、巨門化忌；財帛宮是廉破，官祿宮是紫殺。這表示你從小和父母不和，也可能遭到父母把你送給別人養，或是早早出外謀生，某些人是年紀小時很早送去軍校就讀。你的性格雖足智多謀，卻不在

賺錢方面。而在事業方面。夫妻宮是天府、陀羅，不但表示你的配偶比較笨，而是『刑財』格局，亦表示你的內心中之財庫是磨平了的。武貪坐命的人原本不會理財，此時你更加對錢財的敏感力和儲存能力不強而較弱了。

雖然是這麼說，因為武曲、貪狼皆在廟位，被擎羊刑剋，並不會完全刑光了。他還是有一些對錢財的敏感力的，只是不如完全沒有被刑剋的武貪強而已。這一點請讀者注意。但是這個人會較往其他方面發展而已。

出生在己年的人，命宮中有武曲化祿、貪狼化權、擎羊。命坐未宮，其夫妻宮是天府、陀羅。這個命格的人就非常厲害了。武曲化祿是雙財星。貪狼化權，是強勢旺運更加強勢主控力的力量。擎羊在此宮位又居廟位，雖刑一點財，也刑不了太多，其人會智勇雙全，膽大又心思細密，仍然對錢財好運有極度的敏感力，而且有凶悍具有陰險籌謀的智慧，看到賺錢的好運機會，如同老鷹一般銳利的目光，也如同鷹爪一般凶狠的攫取。雖然他這麼會賺錢、搶錢，但是他的夫妻宮有天府、陀羅，表示在他內心中對錢的儲存觀念是很拙劣的，是會讓財庫被磨平而耗財的，這也是一個漏洞了。

我曾經算過一個人就是此命格，他在為某上市公司操作股票，手上掌握數百億的錢，也為自己賺進數億資財。在賺錢方面他很行，看得準，但是在儲存財富上卻能力不佳。我告訴他說：你要把賺來的錢存在太太或子女的名字戶頭中，看那一個人的田宅宮、財帛宮好的，就存在他的名下就會保險了。他說：確實如此。以前每次把賺來的錢放在自己的戶頭中，不幾日就又買股票賠掉了。放在老婆和子女戶頭中都可存的下去。即使挪出來買股票也會賺錢，但一定要儘快回籠，否則錢又會空了。這就是『武貪格』暴起暴落的特徵，也是武貪坐命者不善理財，和財帛宮是廉破、耗財所致。

這位先生因為看到自己的夫妻宮是天府、陀羅。他想讓老婆帶著兒子移民美國，但是又擔心老婆是否會捲款而去，因此來問吉凶。這時，我們就可看到此人的疑神疑鬼和其人內心的笨思想了。所謂『疑人不用，用人不疑』，夫妻是生命共同體，一個人耗敗了，另一個也不好過。倘若這麼耽心，大家都共同守在台灣，不要移民了嘛！不過倒是可以看看其配偶的命格是什麼？是端正命格的人，就絕對不會做出不義之事來，是邪惡煞星命格的人，就要小心了。

這個人的夫妻宮是天府、陀羅，表示妻子比他笨，沒他會賺錢。存錢的方法也笨一些，但只要保守一點，錢放在可靠的銀行中，或是由妻子去置產，置房地產，也是不錯的存錢方法。因為此人的命宮中有擎羊，夫妻宮又有陀羅，所以他會很計較，有些陰險的想一些笨事情來懷疑枕邊人。

癸年生的人，命坐丑宮，本命宮有武曲、貪狼化忌、擎羊，這個人一生的暴發運就不會發了。有擎羊同宮還會發，有化忌、劫空同宮就註定不發了。而且他也會稍為懦弱一點（比起前面的命格而言，但對其他機月同梁格的人仍是強勢的）。此人頭腦較不清楚，對錢的敏感力略差，且金錢觀念不佳，更容易有人緣關係上的是非。此時化忌，刑的是貪狼這顆運星，而武曲就被擎羊所刑了。此人會常待在家中空想，生悶氣，也不想去找機會，做人緣關係。他對人老是沈默的，或懶的搭理，嫌外人嚕嗦，麻煩。此人的夫妻宮也是天府、陀羅，表示內心的財庫更小，漏財的情況更嚴重，財庫所磨出的漏洞更大。他會做一些不賺錢或賺錢不多的工作，他的官祿宮是紫微化權、七

殺，財帛宮是廉貞、破軍化祿，表示他在工作上運氣好，能掌權，也有些小財來讓他破耗。他是主貴、不主富的人。此人適合做軍警業較佳。工作能力只是在擺平一些事情，但人緣不佳。因此只和一些專業技能的事情有關。

武貪、擎羊入夫妻宮

當武貪、擎羊入夫妻宮時，配偶以做軍警業為佳，彼此較不會有衝突刑剋，你是天相陷落坐命卯、酉宮的人。有這種夫妻宮同時也表示你自己的內心是強悍的、計較的，想賺錢但是不太賺得到。你會有某種頑固、自以為是的思想，讓你在賺錢方面受到牽制。你的財帛宮是天府、陀羅。算是『刑財』格局，財會進得慢，也會有些耗財，存不太住。另外，你本身是天相陷落坐命的人，也就是福星陷落了，你所面臨的環境總是愁多喜少，麻煩事多。你的遷移宮是廉破，就代表你總是生活在一個破破爛爛的環境中，例如自幼父母離異，家庭分散或父母不全或送與他人做養子之類，長大後又一直經濟拮据，是非很多，永無寧日，你永遠想存一點錢，但又感情用事、衝動，很容易又被別人利用，把財借走、劫走了。本命是天相陷落，就是印星陷落，表示主掌權力的力量不好，因此你很容易受人擺佈，根本很難存得住錢。同時當地劫、天空進入『夫、遷、福、命』等宮時，你也可能不結婚。

武貪、擎羊在夫妻宮有三種情形

癸年出生，命坐丑宮的人，有武曲、貪狼化忌、擎羊在夫妻宮，會找到人緣及外交關係能力都不好的配偶。而且配偶個性較孤僻，你自己本身也是內心對金錢和人緣具有不好觀念的人，說話不好聽，常會引起人際關係上的是非，或是揹債務，賺錢不容易，存錢更不容易。你的工作期也不長，因此只好和這樣的配偶打混過日子了。你和你的配偶都沒有暴發運。

丁年出生，命坐未宮的人，有太陽、巨門化忌在兄弟宮，夫妻宮是武貪、擎羊。子女宮是同陰在午（而有太陰化祿、天同化權），此權祿因主星陷落皆不強。財帛宮是天府、陀羅。表示與兄弟不和，有是非口舌不來往。配偶做軍警業，錢財進得慢，但也平順。若配偶做其他的行業則賺錢少，有一票、沒一票的。你自己在運行未年是稍好過一點有暴發運，可多得錢財。其他的

時間辛苦過日子，小孩長大後會較好一點。為介於小康和貧窮家庭之間的生活環境。

己年生，命坐未宮的人，你的夫妻宮有武曲化祿、貪狼化權、擎羊，只要沒有文曲化忌在夫妻宮，你的配偶會是性格強悍，又具有大財，和暴發運得財的人。同時你也會在未年有暴發運，而得大財。雖然你的財帛宮仍有天府、陀羅，表示你處理錢財的手法不好，比較笨，常讓錢財有耗損現象，但你內心對錢財的敏感力還是很強的，再加上配偶會賺錢，所以你會靠配偶來賺錢生活，完全聽從配偶的話。只要沒有地劫、天空在『夫、遷、福、命』等宮，你都會結婚，會擁有會賺錢的配偶。否則容易不婚，自己慢慢的賺，但總是存不住，沒錢。

武貪、擎羊入財帛宮

當武貪、擎羊入財帛宮時，你是紫殺坐命的人。一般來說，你都有暴發運，有擎羊也還是會發，有時有小血光反而會發得更大。只有癸年出生的人，財帛宮有武曲、貪狼化忌、擎羊才不發。

當武貪、擎羊入財帛宮時，你在賺錢工作上面臨競爭激烈的狀況，但是你的運氣很好，對錢財又有敏感性。你本身在賺錢方面又能凶悍的攫取，是故你在財運上受影響不太大，只是較辛苦而已。因為你的遷移宮中是天府、陀羅，表示你是在一個有些小財、周圍環境中的人都是有點笨，對財看不牢的環境中取財，自然你比他們聰明一點，賺得多一點了。但這只是一般衣食之祿之財，必須不斷努力，才會有大財，而且存錢不易，容易有耗損現象。

癸年生的人命坐巳宮，財帛宮在丑宮有武曲、貪狼化忌、擎羊，暴發運不發。遷移宮有天府、陀羅，官祿宮有破軍化祿、廉貞。表示你在賺錢的環境中不算很好，在賺錢的機會上少而且有人緣關係上的是非災禍，在事業上雖可打拚賺錢，但終究是做薪水族才能平順，有衣食之祿就不錯了的人生。

丁年生命坐亥宮的人，祿、權、科、忌全在閒宮，只有財帛宮在未宮是武貪、擎羊。遷移宮是天府、陀羅。官祿宮是廉破。表示你在賺錢方面競爭、爭鬥多，賺的辛苦。你外界的環境是略有財，你是在一群笨人中賺錢，但賺的也不多，很辛勞。因此是環境不算好造成的賺錢機會略受刑剋的狀況。你仍然有暴發運，在未年暴發較大，有小血光可更暴發大一點。在錢財上你還是會擁有一些好運的。你是腳踏實地，又肯打拚的人。只要沒有地劫、天空在命、遷二宮，你就會有平順的、稍具財力的過一生。

己年生命坐亥宮的人，你的財帛宮在未宮有曲武化祿、貪狼化權、擎羊，所以你有極強的暴發運，偏財運。擎羊雖對財有刑剋，但是擋不住武貪雙星居廟與權祿相逢的強勢力量。雖然在賺錢方面仍有競爭和爭鬥，但你對錢財的掌控是十分有力而強勢的。所以你賺錢的能力很強，官祿宮有廉破，表示你在工作上爭鬥多，工作內容和場所雜亂、瑣碎。而且是不必用太多頭腦的工作。事實上，你只要賺錢就好了，無論多艱鉅，多不好做，多麻煩、多瑣碎或髒亂，你都會去做，因此你是會賺錢較多一點的人。還移宮中有天府、陀羅，表示你仍是在一群較笨的人中賺錢，而且錢財不易留存要小心。

武貪、擎羊入遷移宮

當武貪、擎羊入遷移宮時，你是空宮坐命的人。你的環境中就是一種強悍的、競爭、爭鬥凶，但仍俱有錢財好運的環境。你的官祿宮是天府、陀羅，財帛宮是天相陷落，你的財運不好，常掌握不到財，工作能力也不強。做一般上班族，薪水階級就很好了。除了癸年生的人之外，你仍有暴發運，每逢丑年會爆發。倘若你是火星、鈴星獨坐命宮的人，你就會有雙重暴發運，在丑、未年都能暴發，在未年暴發更大。可多得錢財或事業有發展，再多賺一點錢。但你的理財能力不佳，一生辛勞，沒有留存。若有天空、地劫入命、遷，則要看天空、地劫是在丑、未宮那個宮位，若和武貪、擎羊同宮，則會無偏財運了。若在命宮，則逢武貪、羊之年份仍有一點偏財運。

生於癸年命坐未宮，遷移宮在丑宮有武貪、羊時，因癸年有貪狼化忌，故暴發運不發，且其人內向保守，人緣不佳，環境險惡多是非，一生不順。財帛宮是天相陷落，官祿宮是天府、陀羅。掌錢的權力掌不到，事業又是低層次的狀況，一生辛勞，有飯吃就很不錯了，因此有工作可棲身就謝天謝地了！

生於丁年空宮坐命在丑宮，遷移宮在未宮有武貪、羊時，你的環境中仍是險惡、爭鬥多，但有財祿、機會的狀況。雖然你的財帛宮仍是天相陷落，官祿宮仍是天府、陀羅，你雖然賺不到太多的錢財，理財能力不好，工作職位低，但仍會有所獲，只要沒有地劫、天空在未宮出現，在未年有暴發運，可多得錢財。只要沒有地劫、天空在夫、官二宮出現，你就能一直工作，也有家眷，生活平順了。若有地劫、天空在夫、官宮出現者，你工作時間不長，或根本不工作，也不見得會結婚了。

生於己年空宮坐命丑宮，遷移宮在未宮有武曲化祿、貪狼化權、擎羊的人，你的環境中是競爭、爭鬥多，但愈爭鬥、愈競爭，你就愈能掌握旺運，掌握財運的人。只要你的命宮或遷移宮沒有劫、空進入，你就不會有奇怪的思想，拒絕好運進門，或掌握不住財和運，而能有比較富裕的人生了。但是你的財帛宮仍然是天相陷落，而官祿宮仍然是天府、陀羅，所以你的理財能力和工作能力仍是不算好的，職位也不高，所以你仍須努力去讓自己賺多一點錢。如果命宮中是火星、鈴星的人，你有雙重暴發運，在丑、未年都會暴發，你會將一生寄託在暴發運程上，在工作上反而不賣力了。你必須有固定的工作，暴發運才會大。因為『武貪格』主要也是暴發在事業上再得錢財的。

武貪、擎羊入官祿宮

當武貪、擎羊入官祿宮時，你是廉破坐命的人。你生性大膽，強勢，善於爭鬥，在工作上的競爭、爭鬥多，對你是毫不在意的。你的福德宮是天府、陀羅，表示你本質上較笨，不那麼聰明，喜歡物質享受，但享受不多，實際上是耗財嚴重，不太會理財的。你的財帛宮是紫殺，表示在打拚努力之後，錢財賺進而可平順。你仍然會有暴發運，在丑、未年會暴發在事業上。有小血光暴發力會更大。

癸年生的廉破坐命酉宮者，官祿宮有武曲、貪狼化忌、擎羊在丑宮時，你的暴發運不發，在工作上機會與機緣都不佳，是非爭鬥很激烈，你本命中有破軍化祿，你很可能是一個不工作，或靠黑道不法行業來生活的人。

※癸年生廉破坐命卯宮者，官祿是武曲、貪狼化忌，沒有擎羊，仍然暴發運不發，工作機緣少，會做上班族、薪水族，但容易因糊塗犯刑，影響工作。

丁年生廉破坐命卯宮者，官祿宮是武貪、羊。有巨門化忌和太陽同宮在僕役宮。你是工作上競爭、爭鬥多，和朋友、同事常有是非爭鬥、吵架、打架、無寧日，也會遭同事、朋友們的暗害。周圍不容易有好的朋友或部屬出現，也容易遭受拖累遭災。

己年生的廉破坐命卯宮的人，官祿宮有武曲化祿、貪狼化權、擎羊，此人的事業就很強勢了，是很厲害的暴發格。權祿相逢，擎羊刑剋不了，更增凶悍的特性。因此此命格的人更勞碌、事業和財運都是最強的。擎羊幫助他更喜歡在工作上與人競爭。但是在運氣不好的時候，例如走空宮弱運和廉破運，天相陷落運時，他就會心情煩悶，對自己信心差，而自暴自棄不願意競爭了。不競爭，能主控運氣的力量就消失了，能掌財祿的機會也沒有了，就會很慘！因此一定要鼓勵自己再接再礪，又會是一條好漢了！

武貪、擎羊入福德宮

當武貪、擎羊入福德宮時，你是天府、陀羅坐命的人，癸年生的人，你會坐命亥宮。丁年和己年生的人你會坐命巳宮。當福德宮有武貪、羊時，你很喜歡煩惱，想法有一些笨，有事藏心中，老轉不出去，也不會跟別人去諮詢、商量，只是一個勁的自己煩惱，最後用最笨的方法去解決事情。你本命宮就是『刑財』格局，表示財庫磨了一個洞，因此財守不住、留不住。你仍然有『武貪格』偏財運。你的財帛宮是空宮，倘若有火星或鈴星進入時，暴發運會很大，為雙重偏財運，在丑、未年皆會暴發。倘若火、鈴與『武貪、羊』同宮，則流年、流月逢此宮會爆發最大之偏財運，而對宮的空宮所暴發之偏財運就非常小了。

癸年生，有武貪、羊在福德宮的人，因有貪狼化忌在宮中，故暴發運不發，而且其人之人際關係和機會、運氣常不好，容易引起是非、糾紛和災禍。而見血光的問題。其人在身體上也會有瑕疵、病痛，精神不開朗，精神痛苦的狀況。其人對別人也挑剔。相對的，他的錢財也常不順利，幸虧父母很好，會支助他，給他房地產，他還是生活在一般中等左右的家庭中，只有婚姻略有問題之外，生活得還不錯。

丁年生的人有武貪、羊在福德宮，只要沒有地劫、天空入財、福二宮，你就會有偏財運。在未年暴發較大，在丑年發得很小。丁年生的人，有太陽、巨門化忌在田宅宮，表示你擁有的房地產是非多，糾紛也多，擁有不易。雖然你的父母宮有天同化權、太陰化祿，但同是在午宮居平陷位，所以你的父母並不十分有錢，性格雖外表溫和，喜歡多管，再加上你本身婚姻不美，所以你的精神上並不愉快，房地產也難留存，你只有靠自己的暴發運了。父母即使給你一棟房地產，也會引發是非爭鬥，也不見得留得住。

己年生的人，福德宮有武曲化祿、貪狼化權、擎羊，你的命宮是天府、陀羅在巳宮。你的性格剛強，很有主見，根本不會聽別人的意見。你有很強的暴發運會在未年發生。你對錢很重視，而且對錢有敏感力，天生會賺錢，也喜歡管錢。你本命還是『刑財』的格局，這種『刑財』格局對你的影響是：

你常會因猶疑不定而耽誤了進財入庫。所以猶豫和慢性子就是對你的刑剋。相信你的敏感力，動作快一點，你就可以賺到你想賺的錢了。

紫貪、擎羊的刑運格局

紫微、貪狼、擎羊同宮的『刑運』格局會在卯宮或酉宮出現。紫貪、羊在卯、酉宮時，紫微居旺，貪狼居平，擎羊為居陷位。卯、酉宮本來就是桃花位，再加上貪狼是大桃花星，紫貪同宮在卯、酉宮為『桃花犯主』的格局。這時候，紫微這顆帝座受淫臣的影響，成了昏君。所以紫微在卯、酉宮時，雖居旺，最多只是保證使貪狼平順而已。而貪狼本身在卯、酉宮居平，好運沒有了，人緣桃花成了邪淫桃花。所有的機緣都專注於男女情愛的部份，做正事的機緣、做事業，拚成就的機緣就少了。若再有陷落的擎羊同宮，擎羊陷落時陰險毒狠，凡事只往壞處拉扯，會淫賤更甚，這是紫微帝座被佞臣脅持的局面。貪狼和擎羊一同作怪，當然更受其刑剋，真是連一丁點的好運也沒有了。紫微更無法保護它了，帝座正自身難保呢！所以紫貪、羊同宮的格局根本無運可談。

紫貪、擎羊入命宮

當紫貪、擎羊入命宮時，其人外表長相還不錯，臉孔長得漂亮，身材不高，也許會矮小，體型很瘦。其人的夫妻宮會有陀羅和天府同宮。此人很喜歡多想，凡是有什麼事他都會把它想得很壞。煩惱多，心計多，身體上常四肢無力，容易頭痛，也容易有開刀的狀況，眼目不好，會有病。

當紫貪、羊入命宮時，一種是生於甲年的人，一種是生於庚年的人。

生於甲年的人，命坐卯宮，財帛宮有武曲化科、破軍化權，官祿宮是廉貞化祿、七殺。子女宮有太陽陷落化忌。表示其人的才華不多，花錢凶，有時好像要很努力去賺錢的樣子，但努力了一下又有藉口逃避到自認為是精神上的興趣之事上去了。其實他什麼事都想做，東想西想的，但執行能力不好，做事馬虎、虎頭蛇尾，身心皆忙，靜不下來，我們可以看到他的夫妻宮是天

府、陀羅，就是『刑財』的格局，內心就比較窮困，容易原地打轉，轉不出來。倘若『夫、遷、福』有天空、地劫的人，一輩子也結不成婚，心態詭異，一生起伏不定。

生於庚年的人，命坐酉宮，財帛宮有武曲居平化權、破軍居平，有太陰化忌和天機在兄弟宮，倒無大礙。但是其人有頑固的心態，喜歡掌權管錢，但又管不好，好大喜功，喜歡做大投資，情況也是一樣糟的。但如果做軍警職，在工作上打拚，可有一番作為。其夫妻宮是天府、陀羅，表示其人很憂煩操勞，內心也是一種『刑財』的狀況。心中的財庫本身就磨破了洞，一直漏財了，當然對於財的處理就不好了，自然無法正確的儲存財物了。不過，凡是紫貪坐命的人，其田宅宮都是天梁居廟，只要好好的做一個薪水族或公務員，不論是父母或國家最後都會給你至少一棟的房地產，你還是挺有福氣的。

紫貪、擎羊入夫妻宮

當紫貪、擎羊入夫妻宮時，**你是天相坐命巳、亥宮的人**。你和配偶的感情是某些方面很相合，而某一方面又相互剋害。你的配偶人緣不佳，很有心機，外表長得不錯，面龐是長臉，有尖尖的下巴。配偶是有時候很自傲，但又神氣不起來的。在你的心裡基本上也是想得很多，很敏感、保守、用心良苦，但沒什麼收穫的人。你的財帛宮有天府、陀羅，官祿宮為空宮。因此你工作時期不長，錢財進得慢。手邊的錢像財庫被磨破了洞，正慢慢耗損，無法順利充足。你的遷移宮就是武破，表示你周圍的環境不太富裕，要改善內心『刑運』的格式，賺錢會多一點，平順一點。

甲年生的人，命坐卯宮，遷移宮有武曲化科、破軍化權。福德宮有廉貞化祿、七殺。表示其人的環境中可以做類似在軍警業中管軍需、財務職務的人。其人有一定的高職位，性格善打拚，吃苦耐勞，但會有自己特殊的嗜好和精神享受。

生於庚年，命坐酉宮的人，其遷移宮有武曲化權、破軍。表示其人也適合做軍警業，否則也會為人做會計、出納等職務，但是自己的錢倒是管得不算好，容易有耗財現象。這也是公務員、薪水族的命格。

紫貪、擎羊入財帛宮

當紫貪、擎羊入財帛宮時，**你是廉殺坐命的人**，你的遷移宮中有天府、陀羅，表示你外在環境中就是一個磨破有洞的財庫，因此你在打拚賺錢中也常發現機運並不好，常有被劫財的現象，在賺錢上有點困難，財也進得慢。你的周遭環境是『刑財』的格局。財帛宮是『刑運』的格局，因此在錢財上無好運機會。你會在財不多的地方賺錢，一生辛勞，生活刻苦。你的官祿宮又是武破，適合在軍警業發展。做文職，則財運更少、更窮困。

甲年生，命坐未宮的人，命宮有廉貞化祿。官祿宮有武曲化科、破軍化權，為一有特殊喜好，有精神生活，例如喜好蒐集古董、集郵之類的嗜好之人。工作上擅於打拚，只要不管錢，仍會稍有成就。並有閒暇來照顧自己的

嗜好，做生意有敗跡，仍是薪水族之人。

庚年生，命坐丑宮的人，有武曲化權、破軍在官祿宮，做軍警職會做大官，做一般行業，賺錢仍不多。仍不可做生意，適宜做薪水族。替人做會計一職則可。

紫貪、擎羊入遷移宮

當紫貪、擎羊入遷移宮時，**你是空宮坐命卯、酉宮的人**。你的命宮很可能會進入火星、鈴星、地劫、天空、左輔、右弼等星。

當你的遷移宮是紫貪、擎羊時，這是『刑運』的格局。表示你的人緣機會受到限制，你有時很想和人交際來往，但又會想很多，怕人瞧不起自己，好像自己隨便靠上去，有巴結別人之嫌。所以你總是和人對答時有吱吱唔唔的樣子，講話、做事很不乾脆。

你的官祿宮會有天府和陀羅，財帛宮是天相，因此在事業上是『刑財』格局，會做普通的職員，以薪水族生活，財有時慢進，不過你還蠻會理財

的，手邊錢財會整理的井然有序，不會為錢煩惱。

甲年生，命坐酉宮的人，遷移宮在卯宮，有紫貪、羊。而你的夫妻宮有廉貞化祿、七殺。福德宮有武曲化科、破軍化權。田宅宮有太陽陷落化忌，官祿宮是天府、陀羅，你一生有特殊精神上的嗜好，喜歡打拚，破耗多，存不住錢，老時沒有房地產，也沒有積畜，一生財富打平而已。

生於庚年，命坐卯宮，遷移宮在酉宮有紫貪、羊。你的福德宮有武曲化權、破軍，官祿宮為天府、陀羅。遷移宮是『刑運』格局。事業上是『刑財』格局，你雖然天生有一點對錢財的概念，喜歡管錢，但仍有破耗，機會不好，不一定管得著。你為自己理財就好了，你會有很多房地產，也有祖產，會愈變愈多。

紫貪、擎羊入官祿宮

當紫貪、擎羊入官祿宮時，**你是武破坐命的人**，你的福德宮中有天府、陀羅，表示你不太聰明，在工作上爭鬥多，而影響到你發展的機會。你的財

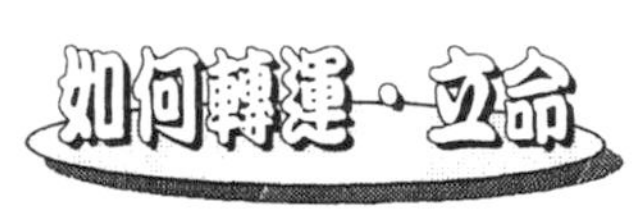

帛宮是廉殺，你必須很努力賺錢、工作打拚才能稍有財，你做軍警業較佳，辛勞度會略減。

甲年生的命坐亥宮的武破坐命者，命宮中有武曲化科、破軍化權，財帛宮有廉貞化祿、七殺，官祿宮有紫貪、羊，福德宮是天府、陀羅（因天府、陀羅皆在廟位，刑剋不那麼大）。你有堅強的個性，擅於爭鬥、打拚，在薪水上也略高，因此你還能享受一些財富，擁有一些錢財，生活過得很不錯的人。

庚年生命坐巳宮的武破坐命者，命宮中有武曲化權、破軍，雖然你的官祿宮是紫貪、羊，福德宮是天府、陀羅，財帛宮是廉殺。你在工作上爭鬥多，有『刑運』的格局，但你天生有政治頭腦，又對賺錢感興趣，擅於打拚、爭鬥，故你也可有稍為富足的生活。

※有紫貪、羊入官祿宮者，福德宮為天府、陀羅在丑、未宮，此時天府、陀羅俱在廟位，故刑財不嚴重，有一點慢進的趨勢而已。

紫貪、擎羊入福德宮

當紫貪、擎羊入福德宮時，**命宮一定是天府、陀羅在丑、未宮**。此時天府、陀羅俱在廟位，所以本命『刑財』的部份就不嚴重。但表示你做事想得多，非常貪心又愛計較，但又綁手綁腳的，有點笨。你天生操勞、勞碌，花太多腦筋在旁枝末節上，故也造成你『刑運』的格局，失去了一些好機會。再加上你是非常頑固的人，常有一些頑古的想法使自己很不利，你太重視錢財，反而賺不到更多的錢財，你的財帛宮是空宮，有紫貪、羊相照，故還常為錢財煩惱。你一生勞碌，田宅宮（財庫）是巨門陷落，家宅不寧，也存不住錢，也留不住房地產。

甲年生，命坐丑宮為天府、陀羅，福德宮在卯宮有紫貪羊的人，你的還移宮有廉貞化祿、七殺。你的夫妻宮有武曲化科、破軍化權。有太陽化忌在你的兄弟宮。你與兄弟不和。你所處的外界環境是周圍的人表面上客氣，做做樣子，不會真正的關心，而是各忙各的，相互漠視的。你周圍的人也都很忙，偶而有一點精神上的享受，但不多。同時更表示你是處在一個聰明才智不高，只知死拚、賺錢很辛苦的環境之中。夫妻宮所代表你內心是剛強的，在賺錢方面小有方法的，敢於不惜一切達到自己目的的，是頑固、強勢、霸道的要做成一件事的。因為上面種種的特性和原因，所以你萬分操勞，但是你還非常貪心，要更好、更多，幾乎有一些已經達不到你原先計劃的範圍了，很多事幾乎要流為空想了，但你仍不放棄，繼續做夢，繼續怨懟周遭的人不幫忙你。你總是有藉口堵住別人的嘴。你常怨配偶是個敗家子，但你心中正具有這種為達目的，不擇手段，背水一戰的強悍思想。

庚年生的，命坐未宮為天府、陀羅，福德宮有紫貪羊的人。你的夫妻宮有武曲化權、破軍。遷移宮是廉殺。財帛宮是空宮，有紫貪羊相照。這同樣表示你生活在一個勞碌、智力不高，不夠溫暖的環境中，你的內心很懂得掌握政治、搞權力鬥爭，更喜歡掌握支配金錢權力。因此你一生很辛勞，又對美麗、高尚的事物貪心。但是你的財帛宮是空宮。實際上你的手中常空茫，常抓不到確切的東西或財務。你是一個表面上看起來高高在上，有富足生活假象的人。在真實環境中還是沒有錢的。這一點由你的田宅宮（財庫）是巨門陷落就可看出。你更有家宅不寧的問題。

貪狼、陀羅的刑運格局

貪狼、陀羅的刑運格局，表面上看到的似乎不像貪狼、擎羊那麼嚴重。但是貪狼是一顆速度很快的星，速度像電子一般的運動。而陀羅是一顆原地打轉，相拉扯，使貪狼原本有自己運動的方向，突然受制，往反方向逆轉，這樣，常常貪狼會突然失速、減速，而像機器被卡住了，動彈不得。機器幾乎要壞掉了，因此我們常可看到一些貪狼、陀羅坐命的人，即使坐命辰、戌宮，雙星居廟，其人也常顯露出愚笨、盤桓、躑躅不前、拿不定主意，想得太多，以為別人都是不懷好意的現象。最明顯的狀況就是他常覺得自己是不受歡迎的人。這就是貪狼、陀羅的影響了。貪狼本是好運星，主機運。貪狼又是桃花星、主人緣，在辰、戌宮又居廟位，怎麼會不討人喜歡呢？但是有陀羅同宮坐命的人，就常心中有鬼，疑神疑鬼，心思不放在正事上，老是注意蛛絲馬跡之事。貪狼、陀羅坐命的人，都有頭很大，頭顱圓圓的特性。雙星居廟的人，長得還不錯，但相貌已不及貪狼單星居廟的人了。貪狼居平、居陷，再加上陀羅居陷坐命的人，是相貌醜陋、愛作怪的人，因為一定會形成『廉貪陀』、『風流彩杖』格，主淫賤之命格。一生因桃花敗事，沒多大成就。

因此貪狼與陀羅同宮時，其實受害更深，人緣不佳，智慧偏向邪佞、怠惰，所以刑運的架勢是十分嚴重的。

貪狼、陀羅在辰、戌宮入命宮

貪狼、陀羅在辰、戌宮入命宮時，雙星皆居廟位。其人外表是壯壯的，身材中等，是做武職的料。因為遷移宮有武曲，也適合做武職，此人的家庭環境還不錯，有中等以上的經濟環境。此種命格的人容易頭腦不清楚而晚婚。實際上他們的財庫是在夫妻宮中，夫妻宮是紫府，會找到家世背景好，具有財力的配偶。而結婚後靠配偶才真正開始儲存錢財、財富。所以晚婚的人，便很難有財富、積蓄了。貪狼坐命的人本身就不擅理財，有貪狼、陀羅在命宮的人，更是耗財很凶，或因自己頭腦出現特殊的想法，搞怪，要和人不一樣，或是輕信別人而遭騙耗財。其實他的福德宮有廉相、擎羊，這是『刑囚夾印』的惡格，表示他會常突發其想，做一些犯法的事來賺錢，結果一下子就被逮到了，自取其辱，前功盡棄。他也喜歡和人爭鬥，但總是輸，卻鍥而不捨，這就是笨的地方了。但是他仍然具有暴發運、偏財運，在辰、戌年暴發，在貪狼、陀羅的年份會有暴發延緩之勢。

此種命格有三種形式的人。

丙年生的人，命坐辰宮有貪狼、陀羅時，其人福德宮有廉貞化忌、天相、擎羊，此人頭腦更不清楚，亦可能有精神疾病或身體傷殘。福德宮是『刑囚夾印』帶化忌的形式，所惹的官非更重，一生無法有大發展了。他也會人見人厭，愛搞事情，但根本沒人愛理他，只是對他頭痛而已。

戊年生的命坐辰宮有貪狼、陀羅的人，本命中有貪狼化祿，兄弟宮是太陰陷落化權，子女宮是天機陷落化忌，福德宮是『廉相羊』『刑囚夾印』惡格。此人長相稍為討喜一點，而且暴發運所暴發的錢財會多一些。家中有姐妹掌權，他本人老是自作聰明惹事，易惹官非，自找麻煩。所幸他的配偶對他好，早點勸他結婚，會有人來管他。

壬年生的命坐戌宮的貪狼、陀羅坐命者，你的遷移宮有武曲化忌，夫妻宮有紫微化權、天府，田宅宮有天梁化祿。你真的是『刑運』命格的人了，你會生活在有金錢是非、金錢問題多的環境中，不富裕。家中有配偶掌權，配偶會做公職，經濟穩定做支柱，到老時，你也會有一點房地產。你的父母宮中有祿存，父母會遺留財產給你，但不多。

貪狼、陀羅在辰、戌宮入夫妻宮

貪狼、陀羅在辰、戌宮入夫妻宮時，你是**廉貞、天相、擎羊坐命的人**。你本身就是『刑囚夾印』的命格，你會多思慮、勞心勞力、身體不好、懦弱內向、身體瘦小。一生容易多遭官非，身體也不好，同時本命也是『刑印

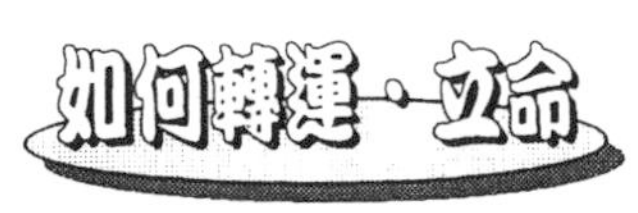

』的格局，沒辦法做主、掌權，在家由配偶掌權管家。你與配偶心性不合，彼此難溝通。你覺得配偶是做事馬虎、貪心、頭腦笨，沒你聰明的人。同時這也表示你自己也常有一些貪赧的笨念頭，而遭災。你會與外界溝通不好，並且晚婚、不婚。你仍然會有暴發運，只是在貪狼、陀羅的流年中會慢發而已。

丙年生的人，命宮是廉貞化忌、天相、擎羊，是『刑囚夾印』帶化忌的命格。頭腦不清楚，且會有身體傷殘，如唇額裂的問題。疾厄宮是天機陷落化權，故常開刀，四肢也易受傷。夫妻宮有貪狼、陀羅，表示與外界的溝通不好，有時有自閉或胡鬧的現象，須要有人好好開導才行。你的性格強硬，要用哄騙的方法才能說服你。事實上別人是根本不會尊重你的。

戊年生，夫妻宮有貪狼化祿、陀羅的人，其命宮是『廉相羊坐午宮』。其疾厄宮是天機陷落化忌，身體很不好，肝腎都有毛病，要開刀，其人本身也是性格內向、懦弱、好爭又爭不過的人。不過他們很會讀書，在讀書方面會爭第一，只不過天不假年，容易早夭。其人有暴發運，可多獲錢財，其人在內心世界中也稍具圓滑，願和人來往溝通，但仍有其固執的一面。也是個勞心勞力的人。

壬年生，夫妻宮是貪狼、陀羅在戌宮，其人是命坐子宮的『廉相羊』坐命者。其官祿宮有武曲化忌，其財帛宮有紫微化權、天府。此人的暴發運不發，身體不好，有血液的毛病，易開刀。也不喜和人溝通，但是他很可能會有『陽梁昌祿』格，主貴。父母宮是天梁居旺，有慈愛的雙親照顧他，使他錢財順利，他不一定會工作，也不一定會結婚，但一生還算順利。只是有身體上的病痛而已。

貪狼、陀羅在辰、戌宮入財帛宮

貪狼、陀羅在辰、戌宮入財帛宮時，**你是七殺坐命寅、申宮的人**。你的夫妻宮有『廉相羊』、『刑囚夾印』的惡格。這表示在你的內心中常有不好的、不合常理的，或是非法的想法來做人處事，而造成你在錢財賺取、得用時的機運不佳，錢財賺少了，或耗財了。

當你的夫妻宮是『廉相羊』時，你常嫁娶會犯法坐牢之人，或黑道之人，會結婚多次，情況都一樣。婚姻也讓你的錢財起落很大。常常必須東山再起。因此你在錢財上的問題，根本源自於你內心的心術不正的問題使然。並且你的內心是懦弱、趨炎附勢形的，也是不明是非黑白、頭腦不清楚的。不過你的遷移宮是紫府，你永遠會在高階層，富裕多金的環境中打混，物質生活還不錯。

丙年生，命坐申宮為七殺的人，財帛宮有貪狼、陀羅在辰宮，你的夫妻宮有廉貞化忌、天相、擎羊，你的僕役宮是天機陷落化權，這表示你的頭腦更不清楚了，思想十分有問題，會用一些怪異、非法的方法，結交一些有邪佞聰明的朋友來賺錢。其實你本來的環境還不錯，但你喜歡與鬼打交道，所以在錢財上的機緣、機運反而受到剋制，常會被朋友害，而耗財、賠錢。同時你更會找到頭腦不清，會犯法坐牢的配偶，使你損失錢財。你在辰、戌年仍有暴發運，但辰年暴發運會慢發，或不發、或發得小。

戊年生，命坐申宮為七殺的人，你的財帛宮是貪狼化祿、陀羅在辰宮，

你的僕役宮是天機陷落化忌。你的夫妻宮有廉相羊，你手邊的錢財機運好一點，但仍因配偶會犯法坐牢，及朋友暗害引起是非災禍而損失錢財。你的暴發運會強一點，得財稍多。但一生起伏仍很大。

壬年生，七殺坐命寅宮的人，你的財帛宮是貪狼、陀羅在戌宮，你的福德宮有武曲化忌，遷移宮有紫微化權、天府，夫妻宮是廉相羊，你一生暴發運不發。你天生有金錢上的問題，理財能力不佳，也不會賺錢，賺錢的機運也不佳，又會遇到犯法坐牢的配偶。不過你天生有能使一切打平，趨於順利的力量和環境。所以你一生辛苦努力，只是來為別人和自己擺平金錢困擾和麻煩的。雖然如此，你仍會在物質生活充裕的環境中生活。

貪狼、陀羅在辰、戌宮入遷移宮

當貪狼、陀羅在辰、戌宮入遷移宮時，**你是武曲坐命的人**。你的財帛宮是廉相、羊。官祿宮是紫府。你本身是財星坐命的人，但你周圍外界的環境不好，好運機會是慢吞吞、拖拖拉拉的。人緣關係是愚笨，不會做，吞吞吐吐，使人討厭的。所以你做事總是顯出很笨的樣子，慢半拍。你在金錢方面的掌握能力是不足的。因為財帛宮正是『刑囚夾印』的格局。所以你在錢財方面常出現犯法的事而不順利。這些犯法的事包括漏稅、逃稅和支票跳票，和一切因財務而引起的官非之事。你會因為被告而被斬斷財源。你的理財能力不好，雖然你的官祿宮不錯，可做公司的老闆，但是老闆做得愈大，因錢財所犯下的官司就愈大。你也許也會被人用做人頭來開公司，拿一筆人頭佣金來賺錢，但最終結果是惹上官非，流年不好，有入獄的危險、要小心。

丙年生的人，武曲坐命戌宮的人，遷移宮是貪狼、陀羅。財帛宮是廉貞化忌、天相、擎羊。田宅宮是天機陷落化權。此人在錢財上更是糊塗，容易遭騙，亦或是無端遭人陷害，而錢財缺失、耗損。因為財帛宮是『廉相羊』『刑囚夾印』帶化忌的格局。近日有一民眾被稅捐處將別人的欠款資料誤植其名下，害得他的妻子和他吵架、打架離婚，房子也被銀行拍賣了，這種有關財務的無妄之災，就常會發生在財帛宮有『刑囚夾印』的人的身上。有廉貞化忌時，可能還會被關坐牢，十分倒霉。你說人為什麼會有這種命格？

這完全是生年和命理格局上造成的出生的環境不佳，所遇到的人不好，一方面是其人外界環境中的人是愚笨的（稅務員是愚笨的），而他剛好在這個時間點上碰上了。你一定會奇怪為什麼是他碰上，而不是別人碰上呢？若是命好、運氣好的人碰上了，一定沒事，很快的就查出來改正了，但是有這種格局的人，田宅宮是天機陷落，天生就家宅不寧，配偶會吵鬧，不幫著解決事情。並且房地產保不住，所以會讓銀行拍賣。這也就是說，在他的環境中（遷移宮所表現的）就是刑運的格局（有貪狼、陀羅），因此裡裡外外也沒有貴人幫助，惹到一點事，連家庭、人生全都崩盤了。所幸最後稅捐處承認錯誤，但害了這人多嚴重啊！

戊年生的人，遷移宮有貪狼化祿、陀羅，他是命坐戌宮的武曲坐命者，但是財帛宮仍是廉相羊。田宅宮有天機陷落化忌。僕役宮有太陰陷落化權。此人的外在環境中還有稍有財祿和機會，有時候會拖延慢一點，但不嚴重，周圍的人，有聰明的、速度快的，也有笨的，情況還不算壞。但他在錢財上不能掌權，容易惹官司，或有突如其來的事讓他失去錢財。他也與房地產無緣。房地產也常帶來糾紛、災禍，根本無法存留。他的家中也容易不和睦，吵架、爭鬥無寧日，或遭逢大難而分散、家破離散。此人只有官祿宮好，因此只要有工作，不要管錢。遇到與錢相關的問題，例如做保之類的，要躲得遠遠的，明哲保身，就會相安無事了。因你有太陰陷落化權在僕役宮。女性朋友、女性的同事、長官和屬下對你有影響力，會管你也會幫助你，會稍為帶點財給你，但她們對你的態度並不好，不夠溫和。因此你要先認清誰是好人？誰是壞人？再相信她了。

壬年生的人，還移宮是貪狼、陀羅坐戌宮，此人是**命坐辰宮的武曲化忌坐命的人**。官祿宮有紫微化權、天相，子女宮有天梁化祿。財帛宮是廉相羊。此人會稍具頭腦不清，在金錢上有是非麻煩，更會錢財不順，或挺而走險，賺非法的錢。在工作上他有完全的主控力，也有可使職務增高、事業做大的能力，但最終還是敗在理財能力不佳，為了想賺錢，惹了很多不該有的是非，或是因為思想上自做聰明，貪一些小便宜，而使自己敗亡。命宮有化忌和對宮的陀羅相對照，由此可見此人夠笨了，但他自己不這麼想，起先還以為自己找出可以賺錢來彌平財窮的方法了。做了以後，才發現落入更無底的深淵。錢財不順，做非法的事只是惡性循環而已。

貪狼、陀羅在辰、戌宮入官祿宮

當貪狼、陀羅在辰、戌宮入官祿宮時，其人的遷移宮是『廉相羊』。是『刑囚夾印』格。你是破軍坐命子、午宮的人。你的外界環境中就是一個官非不斷，時常坐牢，不平靜的世界。你在外也無法掌權做主。你的性格是很陰險，又有些笨，工作能力和機會都不好的人。你仍然有暴發運在辰、戌年暴發。有武曲的流年會暴發得多一些錢財。有貪狼、陀羅的流年則慢發。你的財帛宮是七殺，福德宮是紫府。夫妻宮是武曲。表示你的心裡、腦子裡都是錢，但你必須很辛苦才能賺到錢。但你喜歡物質享受，喜歡高水準的享受。是故你會非法去賺這些你想得到的享受。所以你不一定會有正當、正常的工作，你只是在險惡社會、黑道中、不法集團中討生活的人。

丙年生的人，有廉貞化忌、天相、擎羊在遷移宮，有天機陷落化權在父母宮。官祿宮是貪狼、陀羅。你是破軍坐命子宮的人。你在幼年可能父母不全，或與父母之一分開，但另一位對你管束很嚴，使你心生煩感。你一直頻惹官非不斷，進出監獄像自己家一般。一生以在黑道中賺錢生活，很難跳出此環境，最後容易惡死。

戊年生的破軍坐命子宮的人，官祿宮是貪狼化祿、陀羅。遷移宮是廉相羊，父母宮是天機陷落化忌。此人從小和父母無緣，無父母或分離。或此人從小逃家。他的環境是『刑囚夾印』格，表示環境中即是與非法、犯官非的人、事、物為伍。所做的工作倒是會幫他賺一些錢財，機會還不少，但是有一票，沒一票的。

壬年生的破軍坐命午宮的人，官祿宮有貪狼、陀羅在戌宮。其遷移宮有廉相羊。而夫妻宮有武曲化忌。福德宮有紫微化權、天府。此人內心頭腦不清楚，對錢財更是糊塗，不會理財，沒有金錢觀念，又愛賺錢，而且有高高在上，堅持要享受最高等的物質生活。挺而走險，能撈一票是一票的心態，讓他在非法的環境、黑道的環境中浮浮沉沉。

貪狼、陀羅在辰、戌宮入福德宮

當貪狼、陀羅在辰、戌宮入福德宮時，**你是紫府坐命的人**。你的官祿宮有廉相羊。財帛宮是武曲居廟。遷移宮是七殺，這表示你是一個性格保守，長相氣派、喜歡賺錢、為錢打拚的人，你自小家境不算好，有的人也自小家境窮困，你在家中待不住，你要出外發展、賺錢。但是你天性聰明度不夠，機運不好（福德宮有刑運格局和陀羅），在工作上常遭遇官非之事，工作不平靜，工作不順利，常換工作。你適合在醫院中做與血光有關的工作，或做救難隊與血光為伍的工作，可做得較長久。不然你很可能會落入做和非法有關，或和黑道有關的工作，也很容易坐牢，犯法被通緝或被抓了。

丙年生的人，福德宮有貪狼、陀羅。表示天生有些貪心又很笨。官祿宮有廉貞化忌、天相、擎羊，會頭腦不清的做非、黑道的工作而犯官司坐牢。一生沒有事業運。你仍有暴發運在辰、戌年暴發，手邊也會有一些錢財可用，但會賺不正當的錢財。

戊年生的人，福德宮有貪狼化祿、陀羅。表示你雖貪心，又有點笨，但貪心貪得到錢。你的官祿宮有廉相羊。你也是不做正事，專做非法之事的人，必會犯官非爭鬥，爭也爭不過而坐牢。你的暴發運比較大，可多得一些錢財。你的事業也是做不長，會中斷，或斷斷續續，不成樣，最後成為一事無成之人。

壬年生，命坐申宮的人，福德宮有貪狼、陀羅在戌宮。你的命宮中有紫微化權、天府，財帛宮有武曲化忌，官祿宮有廉相羊。這表示你貪心貪的不得法。理財能力不佳，對錢財沒有敏感力，常看錯或想錯事情。天生的好運機會少，在工作上容易因頑固的想法造成傷害，虧了一大筆錢，被人告，犯官非，自己又再來解決善後。因為你的命宮有紫微化權，所以發生再大的債務或事端，你都有能力撫平、擺平，這是復建成功的命格。你會說話有力量，受人信賴，寬延你還款的日期，而讓你恢復實力。你根本不適合做生意，也不適合雄心萬丈。你若再有一次同樣的事發生，你這一輩子恐怕都是在還債中過日子了。

貪狼、陀羅在寅、申宮的刑運格局

貪狼、陀羅在寅、申宮的『刑運』格局，可以說是刑運刑得較嚴重了。因為貪狼在寅、申宮居平，而陀羅居陷，好運真的已沒有了。還有向下、向壞的趨勢。而且對宮有廉貞相照，形成廉貪陀『風流彩杖』格，這是淫賤的格局，只要在人的命盤格式中出現，便會邪淫桃花犯事，是與色情有關的惡格。

貪狼在寅、申宮的『刑運』格局，出現在『紫微在辰』、『紫微在戌』兩個命盤格式之中，因此只要這兩個命盤格式中的人有貪狼、陀羅同宮或在對宮出現，便是具有廉貪陀『風流彩杖』格的人。在寅、申年容易桃花敗事，產生桃花官司，值得小心注意。

貪狼在寅、申宮居平，已經活動速度減慢、不佳了。再加上陷落的陀羅，原地打轉也不好好的轉，而是東倒西歪的亂轉。因此這是一個笨運。是個頭腦不清、又貪赧，用很蠢的方法去貪心，又處在一種爭鬥多、競爭激烈的環

境中，自己也算不清楚自己的實力不足，怎麼死的都不知道。

貪狼、陀羅在寅、申宮入命宮

當貪狼、陀羅在寅、申宮入命宮時，此人長相很醜又矮，一輩子又沒什麼好運，但是常有貪心之念。因為遷移宮是廉貞，形成『風流彩杖』格，所以他貪的是色。此人為好色之徒，容易成為強暴犯。他的婚姻也必是先發生關係，或用陰險的、強硬、強暴的手段，讓對方屈服。再和他結婚。他的配偶都比較單純。不過婚後倒也美滿。他的配偶很會賺錢（夫妻宮是武府），此後無論男女他們都找到長期飯票了。此人擅於利用性能力的長處，助長閨房之樂，所以把配偶哄得好好的，能夠長期供給他金錢花用。但他好色的本性依舊，要他不偷腥是很難的事，但他會小心不讓配偶知道。此人的福德宮是紫微、天相、擎羊，表示他很愛享福、懶惰，而且又是『刑印』的格局，所以他說話也沒地位，再加上他本身耗財多，工作能力不好，除了做軍警人員之外，別的工作做不長，也階位不高，也只能做一些粗工，跑腿打雜的工作，很忙碌。

乙年生的貪狼、陀羅坐命寅宮的人，財帛宮是破軍。官祿宮是七殺。父母宮有祿存、天機化祿、巨門。田宅宮有天梁陷落化權。福德宮有紫微化科、天相、擎羊。有太陽、太陰化忌在兄弟宮。此人的『祿、權、科、忌』全在閒宮。父母的知識水準高，經濟能力還不錯，但也是薪水族中高薪之輩的人，所以小時受父母照顧。他自己天生說話沒份量，管不了事，做不了主，但做事能力還稍具。因為夫妻宮是武府，所以他會有多金的配偶。男子他可能會入贅女家，家中由妻子主事，錢都由妻子管了。女子此命者，也能靠配偶而享福，自己管不到錢，完全由配偶掌握。

辛年生、命坐申宮的貪狼、陀羅坐命者，福德宮依然是紫相、羊，父母宮有祿存、天機、巨門化祿。兄弟宮是太陽化權、太陰化忌。財帛宮是破軍。官祿宮是七殺。田宅宮是天梁陷落。此人也是懦弱、笨的人，遷移宮是廉貞，一生都處在爭鬥的環境之中，和父母是口舌不斷，但感情還不錯，幼年在家中兄弟很強勢，和姐妹不和，小時他也沒錢。結婚後由配偶掌管家中大事和錢財，他依然是管不了錢，也管不好錢財。一輩子平凡、打混過日子，這是利用自己的笨和懶惰來享福的人，但事實上他依然很操心、煩惱在如何哄配偶，及如何能享到自己的福，偷到懶，以及在女色或性慾上得到滿足方面，所以他也蠻傷腦筋的呢！

貪狼、陀羅在寅、申宮入夫妻宮

當貪狼、陀羅在寅、申宮入夫妻宮時，**你是紫相、擎羊坐命辰、戌宮的人**。你的臉龐長得體面、瘦型、下巴尖尖的。因為本命就是『刑印』的格局，代表內心世界的夫妻宮又是『刑運』的格局，所以你做人很小心，想得很多，不喜歡與人來往，把別人都想得很壞，常想別人是對你有侵犯意圖的人。女子有此『刑印』格局在夫妻宮的人，也容易遭到強暴事件，讓其人內心更封閉或更放蕩。

當夫妻宮有貪狼、陀羅在寅、申宮時，也表示貪心貪的不得當，不得法。會有貪不到，或另外受傷害的情形發生。而且夫妻宮就直接和官祿宮形成『

風流彩杖』格，此命的女子，也會墮入風塵賺皮肉錢。此命的男子，若官祿宮的廉貞再和火星或鈴星同宮，會做黑道，長久在聲色場所打滾。不過因他的命宮即有『刑印』格局，他做不了黑道老大。多半是個跑龍套的。他會有陰險的性格，一生看不到多少好運，只是錢財上多一點罷了。同時也表示他對配偶根本不瞭解，無法溝通。

乙年生的人，命宮中有紫微化科、天相、擎羊。父母宮是天梁陷落化權，兄弟宮是天機化祿、巨門，夫妻宮是貪狼、陀羅。子女宮是太陽陷落、太陰居廟化忌。此人是外表較美麗，多心計的人，但六親不和。他的財帛宮是武府，官祿宮是廉貞，因此用籌謀、智慧可賺很多的錢，錢財順利，但好色，有不美滿的婚姻。他對配偶根本不瞭解，也無法溝通。配偶也是個沒有好運，而且笨的人。

辛年生，紫相羊坐命戌宮的人，其夫妻宮是貪狼、陀羅。他的財帛宮有武曲化權、天府，官祿宮是廉貞居廟，子女宮是太陽化祿、太陰。表示他本身有心計，雖對外無法掌權，說話有份量，但他非常會賺錢。賺錢很多，會

用營謀賺錢，在賺錢方面的智慧是不錯的。但內心對人際關係方面很拙劣。他也是好色的人，婚姻建築在色慾上，夫妻間不能溝通、瞭解，會離婚，也會有外遇。在家中與兒子關係稍好一點，與女兒不和，有是非。

貪狼、陀羅在寅、申宮入財帛宮

當貪狼、陀羅在寅、申宮入財帛宮時，**你是七殺坐命子、午宮的人**。你的夫妻中有紫相、羊。這表示他內心是『刑印』的格局，內心自動願意放棄掌握權利的機會，所以在手邊可運用錢財的機運就受到制肘了。因此錢財就不順利了。但是他的遷移宮是武府，外界環境中很富裕多金。官祿宮又是破軍，擅於死命打拚，福德宮有廉貞居廟，先天性格中善於營謀、爭鬥。所以只要他改變想法，想要賺錢，就可賺錢順利了。只是慢半拍才進財而已。

乙年生的人，有貪狼、陀羅在寅宮為財帛宮。有紫微化科、天相、擎羊在夫妻宮，表示配偶長得不錯，有氣質、氣派，但管不了你。他的理財能力也不好。同時也表示在你的內心會常想放棄權力去競爭，放棄機會，所以在錢財上，機會就少了，進財有拖拖拉拉，慢進之趨勢，錢財不順利。但你天生有智謀和爭鬥的能力，運氣變好時，你的腦子也會改變，就會賺到錢財了。

辛年生的人有貪狼、陀羅在申宮為財帛宮，夫妻宮有紫相羊，遷移宮中有武曲、天府。所以你會在軍事機關做事，做軍警業，或是在金融機關工作，（在一掌握錢或政治、軍警的地方工作）你常會有自命清高，不想管一些事，故錢財上會失去賺錢機會。所以你是入寶山而空手回的人，你在工作上仍打拚勤奮，只要有工作就會有固定的錢財可進。只要不去做生意就好了。

貪狼、陀羅在寅、申宮入遷移宮

當貪狼、陀羅在寅、申宮入遷移宮時，你是廉貞居廟坐命的人。你是非常有計謀、好爭的人，但環境中運氣多不好，可以說根本沒運氣，還常拖拖拉拉的，好事多磨。你的財帛宮是紫相、羊。表示在錢財上看起來不錯，實際上你掌握不了錢財的權力，無法有經濟大權。你的理財能力也不好。你的官祿宮是武府，你會在軍警機關工作或在財經機關、銀行等地工作，但不是實際掌權、掌錢的人。

乙年生的人，除了財帛宮有紫微化科、天相、擎羊外，遷移宮是貪狼、陀羅。其他的『祿、權、科忌』全在閒宮，所以你外在的環境中是刑運格局，沒什麼好運。錢財上又是表面上漂亮好看，做有氣質的事，但掌握不到錢財的實際權力，也不會理財。是故你只是在金融機構、銀行等地方工作，做庶務內勤的工作，而無法接觸、管到錢。你會做薪水族，一生平順。

辛年生的人，有貪狼、陀羅在申宮，命宮是廉貞在寅宮，財帛宮是紫相羊在戌宮。你也是環境中機運少，賺錢辛苦，也是管不了經濟大權，掌握不了金錢權力的人。

貪狼、陀羅在寅、申宮入官祿宮

當貪狼、陀羅在寅、申宮入官祿宮時，你是破軍坐命辰、戌宮的人。你的遷移宮中有紫相、羊。表示你的環境中就是『刑印』格局，無法掌權，所以根本沒有人會重視你，聽你的話。不過你生活的環境還是十分高尚，表面看起來不錯，但實際中爭鬥多的環境。你會在性格上有些耍賴的性格，在工作上沒有運氣。做軍警業有口飯吃，小心因事犯刑。你的夫妻宮是廉貞，你好爭鬥，但總爭不贏，你的職位不高，做文職會做不長久，變無業遊民。

乙年生，破軍坐命辰宮的人，有天機化祿、巨門在僕役宮。有太陰化忌、太陽在田宅宮。有紫微化科、天相、擎羊在遷移宮。財帛宮是七殺。官祿宮是貪狼、陀羅。福德宮是武府。這表示此人愛享福，而他本身環境中是看起來有氣質、高尚，外觀不錯的環境。可是他在此環境中做不了主，掌不了權。在工作上又沒有機運，所以他忙來忙去，錢財仍是出麻煩的、財運拮据的。而且他會因好色有外遇和家中女人不和。房地產也會有糾紛，變不了錢。他倒是在朋友間運用口舌或製造一些小插曲能賺到一點錢。但仍是幫人服務，做軍警業、薪水族為佳。不能投資、做生意，會被騙，錢拿不回來。

辛年生的人命坐辰宮，官祿宮是貪狼、陀羅，仍是做軍警業、薪水族的人。僕役宮有天機、巨門化祿。田宅宮也是太陽化祿、太陰，靠朋友間口舌是非方傳遞對你有利。因你的遷移宮仍是紫相羊，環境看起來高尚，但內在鬥爭多，而且你無法掌握到確實的權力，說話沒有說服力。你的房地產也會起起伏伏，能得到祖產，但不多，價值也不算高。你和家中女人不和。

貪狼、陀羅在寅、申宮入福德宮

當貪狼、陀羅在寅、申宮入福德宮時，你是武府坐命的人。你的官祿宮是紫相、羊。你天生有點性子慢，又點笨，運氣不好。你在事業上是表面看起來不錯，但私下爭鬥多，而且你會掌握不到權力。你也會根本做不長久，或做一種讓你自己不喜歡、有點痛苦的工作。你的財帛宮是廉貞，表示你要靠運用頭腦智慧、競爭形態來賺錢。但你實際上頭腦不夠用、不好，在工作上又無法掌握權力，所以你很痛苦，常常不想做事了。

乙年生的武府命坐子宮的人，福德宮是貪狼、陀羅。田宅宮有天機化祿、巨門。官祿宮有紫微化科、天相、擎羊。財帛宮是廉貞。父母宮是太陽、太陰化忌。表示此人從小和母親無緣，不合或無母，父母的經濟情況起伏很大，而他自己本身是不太聰明，運氣也不太好的人。他會努力去做一種表面看起

來高尚，實際上他進入不了核心地位，也無法掌握實權的工作。這主要是他自己看不清事實，智慧並不足夠的緣故。他在賺錢方面爭鬥很多。中、老年以後有一、兩棟房地產，家中的狀況也是時有變化，是非多的狀況。

辛年生武府坐命午宮的人，福德宮是貪狼、陀羅。父母宮有太陽化祿、太陰陷落。田宅宮有天機、巨門化祿。雖然官祿宮仍是紫相羊。財帛宮仍是廉貞居廟。但他和父親感情好，家有祖產可繼承，房地產會愈變愈多，此人在事業上仍無法掌權，故他很可能不會在外做事，而幫自己家管理房地產即可。

武貪、陀羅的刑運格局

武曲、貪狼、陀羅會在丑宮或未宮同宮。這是『紫微在巳』、『紫微在亥』兩個命盤格式的人會遇到的。我曾在講『刑財』格局時談到『武貪、陀羅』同宮的狀況，『武貪、陀』中，陀羅主要刑的是財，也可說主要刑的是財運。對於其他方面運氣上的刑剋較不明顯。但是事情成不成功，能否掌握到好運也都一切要看是否有財。有財為吉，無財為凶。是故陀羅在刑財時，當然一併刑運了。

『武貪、陀羅』同宮時，武貪、陀三星俱在廟位，它有強悍、粗壯的特質，倘若是做軍警業的人，反而不為『刑運』，它反而有助長強悍的力量，是一股蠻力要達成。反而是好的。只不過依然帶有笨拙、粗魯的架勢，有凶悍的特質。做文職有此『刑運』格局就不好了。做文職需要秀雅、文質彬彬的氣質和格局才會做得好。有粗魯的格局，就會弄糟了。

『武貪、陀』仍會有暴發運，有時會慢發，但還會發。以武職者或做生意的人最易暴發。以文職者會慢發。我以前說過：『武貪格』大多是暴發在事業上，再由事業的增高，得錢財。是一種經過轉換而得到財祿的暴發運。所以沒做事的人，要以『武貪格』來暴發，尤其暴發運中又有羊、陀之類的煞星就不容易發了。要有工作的人，就一定會發。

武貪、陀羅入命宮

當武貪、陀羅入命宮時，你會是甲年或庚年生的人。甲年生的人命坐丑宮。庚年生的人命坐未宮。你的福德宮是天相陷落、擎羊表示你本命中有『刑印』格局，所以你常常想強勢要爭，最後都爭不過，掌握不到主控權，功虧一簣。

有陀羅在命宮的人都不太聰明。有『武貪、陀』在命宮的人，也是外形粗獷、頭很大，頭顱圓圓的，氣勢很凶悍，但實際他是外剛內柔的性格。因為福德宮有『刑印』格局的緣故。他的財帛宮是廉破，官祿宮是紫殺。他很會拚，愛賺錢，但理財能力不好，耗財多，存不了錢。夫妻宮是天府在得地之位。配偶是他的財庫和理財專家，所以他都會交給配偶管錢。

甲年生的武貪、陀坐命者，本命有武曲化科、貪狼、陀羅。財帛宮有廉貞化祿、破軍化權。父母宮有太陽化忌、巨門、祿存。所以他小時候可能父親早亡，留有一點積蓄，也可能和他父親不合，早時離家，但父母還有經濟基礎。他自己本身長相好看一點，文質一點，理財能力稍為好一點，比一般『武貪、陀』坐命的人會賺錢，會打拚。也會有自己特殊的嗜好，工作能力還不錯。但在性格上仍是外剛內軟，遇到強力競爭時無法堅持強勢的人。容易功虧一簣。

庚年生的武貪、陀坐命未宮者，本命中有武曲化權、貪狼、陀羅。父母宮是太陽化祿、巨門、祿存。他和父母的關係較好一些。因為本命中有武曲化權的關係，被陀羅刑剋的不凶，化權的力量很大，武曲又在廟位。此命格的人是強勢命格，陀羅會更增其強悍，此人有極強的暴發運在未年暴發。其人也特別固執，對錢財有敏感力，一心愛賺錢。雖然福德宮有『刑印』、『刑福』的格局，他對錢財方面的機會、運氣是當仁不讓的。在其他方面則會較心軟，肯放手，不那麼堅持。例如在升官運方面掌握不住，他就不在乎了。

武貪、陀羅入夫妻宮

當武貪、陀羅入夫妻宮時，**你是天相陷落、擎羊坐命的人**。你的內心是剛直、強悍、好爭，但有些笨，又有些貪心，頭腦不太清楚，看不清事實的人。你本命是『刑印』格局，又是『刑福』的格局，你根本爭不到，也無福消受。你的環境中是破破爛爛、窮困、爭鬥多的環境，雖然你心裡有些對賺錢、取財的想法，但大多無法實行。你雖然用心良苦，計謀多，但不合時宜而無用，你是靠配偶比你笨一點，但配偶會賺錢，可支助你，養活你，怎麼講，配偶都比你運氣好。你可能工作期不長久，可學中醫、西醫，在醫院中工作，或做跌打損傷、接骨的師傅，或做與血光為伍的救難人員，也可有收入可進。你的理財能力不佳，不可投資，也不可做生意，會更窮、更負債。

甲年生的天相、擎羊坐命卯宮的人，夫妻宮是武曲化科、貪狼、陀羅。遷移宮是廉貞化祿、破軍化權。表示會有會賺錢、會理財、運氣不錯的配偶。但他在某些方面比你略笨一點，所以才會和你結婚。而你的外在環境中雖是有點財，但並不多。而是破爛、窮困依舊，爭鬥更厲害的環境。這種環境也會激起你的鬥志來、好爭，但你最終還是爭不過，會敗下陣來。老老實實的過生活最好了。

※這種『廉貞化祿、破軍化權的遷移宮』的意義，在我以前算過的一個人的命中得到印證。他家中有一間破屋留給他，但不值錢，好像有房地產，但沒用，不值錢。再加上家中兄弟姐妹與叔伯一同爭產，吵鬧不休，讓他很頭痛，想放棄所有權，但又捨不得，因為那好歹是一點地和房子，多少也算是錢。

庚年生的天相、擎羊坐命酉宮的人，夫妻宮有武曲化權、貪狼、陀羅。兄弟宮有太陽化祿、巨門。子女宮有天同居陷、太陰居平化忌。此人會有十分會賺錢，而且掌握經濟大權的配偶。他和兄弟的感情稍好，子女是還算乖巧，但是無財的人，他與子女不合。家中以配偶為主。他自己做不了一家之主，常有性格懦弱的狀況。自己的工作也做不長。

武貪、陀羅在財帛宮

當武貪、陀羅在財帛宮時，**你是紫殺坐命的人**。你的夫妻宮是天相陷落、擎羊。所以你的內心是一種『刑印』、『刑福』的格局。你的配偶管不了你，你不會聽他的話。同時在你內心中也常想放棄一些權力，因為怕麻煩。所以你在財運上會受到內心想法的拖累，賺錢會少一點。你若是做軍警職，就完全沒有此顧慮了。你的官祿宮是廉破，表示你會做競爭激烈或是複雜、破爛、雜亂的工作。不做軍警業時，你會在賺錢運氣上稍有磨難。

甲年生，紫殺坐命巳宮的人，財帛宮是武曲化科、貪狼、陀羅。官祿宮有廉貞化祿、破軍化權。表示此人擅於爭鬥、打拚，會賺略具格調的錢。『命、財、官』有『科、權、祿』是命格會高些，且會具有成就的命格。他一定會堅持努力，事業有成，亦有暴發運，夫妻感情不和睦，配偶易早亡。

庚年生，紫殺坐命亥宮的人，財帛宮是武曲化權，貪狼、陀羅。夫妻宮有天相陷落、擎羊，官祿宮是廉破。表示此人在金錢上有主控力，賺錢很行，

稍有破耗不嚴重，暴發運很強，會多得錢財。你的配偶管不了你，配偶也不會理財，夫妻感情不睦，且配偶易早亡。

武貪、陀羅在遷移宮

當武貪、陀羅在遷移宮時，你是空宮坐命的人，若有火星、鈴星進入命宮，你會有雙重暴發運。你的財帛宮是天相陷落、擎羊，是『刑印』和『刑福』格局，一生財不順。你的官祿宮是天府。因此只要有工作，就會有薪水可活命。你會做會計方面的工作，或在銀行、金融機構當舖工作，所數的鈔票都不是你的。但工作會為你帶來不錯的生活。在你的環境中有一些暴發的機會，有時也會慢一點，拖延一下，但還是會發。

甲年生，空宮坐命，命坐未宮，遷移宮有武曲化科、貪狼、陀羅的人，你的環境中是一種具有格調，理財能力不錯，賺錢機會還多的環境。但你在錢財上沒有主控力，所以你仍是沒錢。你可能是在股票、證券公司、銀行，或是代為操作股票、期貨的公司工作，幫別人操作。

庚年生，空宮坐命，命坐丑宮，遷移宮中有武曲化權、貪狼、陀羅，財帛宮有天相陷落、擎羊。這表示在你的環境中是一個對錢財有主導力，愛賺錢，有賺錢機會的環境，但你自己本身管不到錢，也享受不到錢福，根本摸不到錢，你依然有暴發運在未年暴發，暴發運很強，會得到大筆財富。

武貪、陀羅在官祿宮

當武貪、陀羅在官祿宮時，你是廉破坐命的人。你在事業上有一些運氣。做軍警業最好。就不會有刑剋了。做一般文職，發展很慢。你的遷移宮中有天相、擎羊，是『刑印』和『刑福』的格局，所以在你的外界環境中你常無法掌握主控權，性格有些懦弱。而且一生勞碌、多傷災、開刀、命不長。也可能會被人殺害、不善終。

甲年生的人有廉貞化祿、破軍化權在酉宮為命宮，遷移宮是天相陷落、擎羊。你的僕役宮有太陽化忌、巨門。官祿宮有武曲化科、貪狼、陀羅。財帛宮是紫殺。表示你意志上有堅定、強勢的一面，也有懦弱的一面，擅於打

拚。但你外界的環境中都是一種無法掌握主控力的環境。你的朋友、同事、部屬中男性對你不利，有是非口舌和災禍拖累你，使你遭災，但你依然會奮力工作。你是一個性格有時硬、有時軟，獨樹一格，不計毀謗、名譽的人，也能做一些事業。

庚年生廉破坐命、卯宮坐命，官祿宮有武曲化權、貪狼、陀羅，遷移宮是天相陷落、擎羊。僕役宮有太陽化權、巨門。此人適合做軍警人員，或在金融機構代人操作股票，因為環境險惡，掌不到權利，會受人瞧不起，還好朋友和同事雖有口舌之爭，但仍和樂，倒也相安無事，會有較強的暴發運，在工作上也能賺到多一點的錢，但升官可能無望。

武貪、陀羅在福德宮

當武貪、陀羅在福德宮時，你是天府坐命巳、亥宮的人。你的官祿宮有天相陷落、擎羊。你雖性格強勢，對錢財稍具敏感力，但有些笨。在工作上是『刑印』和『刑福』的格局，所以在工作上是掌不到權力，沒有主控力，

完全聽命於人、聽命於上司、老闆的人，但是也要小心被陷害。你的財帛宮是空宮，倘若有火、鈴進入，你就具有雙重偏財運格，在丑、未年都會暴發。倘若財帛宮無主星，你的錢財就很少了。而且工作不長久，常工作不保。你一定要有工作才有財可進。你一輩子沒有什麼官銜可升官。你也可能做管家、隨從的工作。

甲年生的天府坐命亥宮的人，福德宮是武曲化科、貪狼、陀羅，夫妻宮有廉貞化祿、破軍化權，官祿宮是天相陷落、擎羊，這表示你稍具理財能力，天生要有格調的管錢，但實際在工作上你沒權，所以根本管不到錢，你工作時期不長，地位也不高，極低。你的配偶多半是再婚之人，你也可能會離婚，他的性格強勢、凶悍，也愛花錢，破耗凶，而且他會有特殊的嗜好，他是個不同於一般人行為、生活較突出的人。配偶如果做軍警業就很好，生活會有保障。如果做其他行業，會特立獨行，做事不按牌理出牌，你們的生活就可要擔憂了。

庚年生的天府坐命巳宮的人，福德宮有武曲化權、貪狼、陀羅，夫妻宮有廉破，官祿宮是天相陷落、擎羊。田宅宮有太陽化祿、巨門。這個命格比甲年生的人略好，你天生對金錢有敏感力，也具有政治手腕。你也會找到再婚的配偶，也會再離婚。你的工作期不長，也無法升官或掌權，你的財帛宮是空宮，有武曲化權、貪狼、陀羅相照，你仍可在錢多的地方上班，做會計或管帳。你會有很強的暴發運，可在未年多得錢財。在老年時你會有一、兩棟房子。

廉貪、陀羅的刑運格局

廉貪、陀羅的刑運格局，其實廉貪同宮時，已經無運可談了，是世界上最差的運氣了，還要讓陀羅來拖延、拉扯，使之笨上加笨，真是讓人哭笑不得的刑運格局。

『廉貪陀』是『風流彩杖』格，這是淫格、好色惹官非，犯法、不行正道、低賤、不高尚的格局。

當你是『紫微在丑』、『紫微在未』兩個命盤格式的人，只生於丁年、己年、癸年時，你就會有這種『廉貪陀』的格局了。這種『廉貪陀』的刑運格局是在巳、亥宮出現，是廉貞、貪狼、陀羅皆居陷落之位，故運氣壞到極點。這種格局和寅、申宮的『廉貪陀』不一樣。寅、申宮的廉貞居廟，貪狼居平，陀羅居陷，各星的旺度不一樣，所帶給人的運氣就不一樣了。無論如何，寅、申宮的『廉貪陀』都會高過巳、亥宮『廉貪陀』的。

廉貞代表的是營謀、智慧、爭鬥、企劃組織的能力。也代表私下運作，用計謀來溝通以得到自己的利益。當廉貞落陷時，表示智慧不高，營謀和企劃能力不足。也可以說是笨和無知的代表。貪狼是好運星，是桃花星，也具有聰明、智慧和活動力。當貪狼居陷時，沒有好運了，也無人緣和機會，活動力緩慢，智慧也低了。陀羅是固執、蠻幹、不講理、會引發波折、是非的煞星，也是忌星。

陀羅居陷時，惡的成份會更重。而且它有拖拖拉拉的本領，凡事往壞的方向帶。『廉貪陀』的運氣就是一種無知、無賴，人見人厭，和一切運氣絕緣，想改變又沒有方法，還繼續做討厭的事，繼續惹人嫌惡的運氣。當然財運也很糟，會困窘。找工作找不到，沒有機緣，也不想工作，六親無助，你會和一些爛朋友、窮朋友在一起，因為情況好的人不想招惹你，怕你黏上去，也把壞運帶給他們。另一方面你的面目可厭，一付倒霉、窮鬼樣，或是小人得志的樣子，當然不受人歡迎。

人在走廉貞運時，做生意會倒閉，工作容易丟掉，會欠債，凡事不順，而且每下愈況。會遭受到名譽、臉面盡失的境況，別人也容易對你不尊重，踐踏你。

男人在走『廉貪陀』的運氣時，愛貪便宜、佔便宜，搞出一些強暴事件，或是到聲色場所去玩，被騙還被告，弄出誹聞，吵翻天，顏面盡失。女人在走『廉貪陀』運時，也會用低劣的手法搞仙人跳，或是遭遇到被強暴，惹上誹聞官司等等的事件。因此『廉貪陀』這個運氣就是和色情有關的運氣，也是和丟臉、遭人唾棄的運氣，沒有人會同情你。你只有小心翼翼，注意你的道德問題，不要起邪念，也不要貪便宜，謹言慎行，多忍耐，自然能『小心駛得萬年船』了。

廉貪、陀羅入命宮

當廉貞、貪狼、陀羅在巳、亥宮入人之命宮時，其人是中矮身材，不那麼高了，長相醜，粗壯，為邪佞之人，不行正道。其人是意見多，愛幻想，好吃懶做，沒有主見，喜歡酒、色、財、氣，行為品行低下的人，亦會做些偷雞摸狗之事。此人一生成事不足，敗事有餘，做事業，做正經行業是沒有本領的，做流氓、小混混不用教就會了。這是最低層次的命格了。女子為此命格的人，為奴、為婢，或混跡風塵，是一個口直心快，潑辣，沒教養，言行低劣之人。有時候她們也會裝做懦弱溫和的樣子，只要讓他們覺得有機可趁，便會原形畢露了。

『廉貪陀』是『風流彩杖』格，入命宮時，此人好色且頭腦笨拙，有笨想法，此人的基因也許有問題，凡事都喜歡和色情連想在一起。此命的男子容易成為強暴犯，或聲色場所的保鑣之類的人。此人從軍職受到規範較好，但仍時時會犯官符、軍紀。

有『廉貪陀』在命宮的人通常沒有廉恥之心，什麼事都敢做，尤其是用色情之事陷害別人，讓人身敗名裂，更是常用的手腕。多年前，有一位親戚帶著菲傭來找我，一直要我幫她看看這位菲傭。我覺得奇怪，也不好問什麼事，於是幫此菲傭排了一下命盤，一看便是『廉貪陀』的命格。這位親戚小聲對我說，她覺得不對勁了，想把她送走。是不是該送走？我說：『快點送走吧！再兩個月可能要出事。』親戚回去後找來仲介公司的人，弄得很不愉快的把菲傭送走了。

兩個月後的一天，報紙上載出主人強暴菲傭，菲傭哭訴告官之事，此菲傭正是當初親戚遣走之菲傭。

親戚打電話給我說：『好險呀！幸虧當機立斷送走了她，否則被告、丟人的，就是我們家了。』

此事讓我印象深刻，為什麼知道是兩個月以後會犯事呢？因為兩個月後，正是此菲傭行『廉貪陀』的流月運程。此菲傭在家中做事懶惰，叫也叫不動，老是托病。但男主人一回家，她就精神百倍，而且只侍候男主人。一到了晚上男主人將回家的時間，此菲傭便衣著短小輕薄，急躁了起來，洗澡也不關門，女主人講也講不聽。何況家中還有正值青少年的兒子，女主人覺得麻煩真大了。這就是命格是『廉貪陀』的人，對色情之事有幻想，本身知識水準低，又沒有廉恥之心，她會用色誘的方法，製造事端，她自己並不覺得吃虧。

假如此命格中『廉貪陀』加文昌、文曲的人，也是一個好色、好淫的人，但他會稍為長相好看一點，或是知識水準略高一點。但是他還是頭腦不清楚，也愛說謊、不實在的人。（因為貪狼加文昌或文曲就是糊塗的命格）

多年前，有位香港的女子來找我論命，正是文曲坐命有『廉貪陀』相照命宮的人，她能言善道，在做保險經紀。她是看了我寫的『如何掌握你的桃花運』，心有戚戚焉而來找我論命的。她一直問我：為什麼她的命運如此坎坷，一連遇到幾個男人，都騙錢騙色，讓她受傷很重？

其實當我看到她的命盤時，我是懷疑她做的是色情行業。我一向不算色情行業人的命，因為人格已到了最低下的層次，除了多賺點骯髒錢，也沒什麼希望，故無可算的。於是叫助理擺著，等她來聯絡，把錢退給她。可是她又再次寄名片、寄資料，表示她是做正當行業的。

既然要算，就鐵口直斷了。這位女士的遷移宮有廉貪、陀，表示在她的環境中就是邪淫的環境。不論她做什麼事業，都會以邪淫的手法來達到目的，來賺到錢。所以她拉保險仍是以色誘的方式，配合自己的身體，所賺的皮肉錢。她的財帛宮是天相、擎羊，在財運上是『刑印』的格局，表示掌握不住財，對財無權力掌控。她的官祿宮是天府居得地之位。她倒是會天天上班、有工作就有飯吃。

她自己也說：每次認識一個男人，剛開始很高興，拉到一個保險，有了一筆收入。沒多久，兩人就同居了，結果就變成這個男人在管她的錢。又沒多久，兩人吵翻了，她才發現：自己以前的積蓄也被這個男人揮霍光了。這個情況已經發生三、四次了。她說：她現在對男人恨透了！她又問：以後是否最好不要談戀愛了呢？

所謂旁觀者清。我們會奇怪的是：此人為何要用這種方式去拉保險呢？

某女之命盤

遷移宮	疾厄宮	財帛宮	子女宮
廉貞 貪狼 陀羅 天姚 乙巳	巨門化忌 祿存 地劫 右弼 丙午	天相 擎羊 丁未	天同化祿 天梁 戊申
僕役宮 太陰化祿 天空 甲辰	陰女 金四局		**夫妻宮** 武曲 七殺 己酉
官祿宮 天府 文昌 癸卯			**兄弟宮** 太陽 庚戌
田宅宮 壬寅	**福德宮** 紫微 破軍 癸丑	**父母宮** 天機化科 壬子	**命宮** 文曲 辛亥

這是妳自己頭腦不清，對男方存有幻想，以為靠著他就有生意做。既然知道自己對錢財的掌握力不是很強，就要做一些預防措施，也少沾惹這樣的人。上一次當，遭一次災，人就會警惕了。上了三、四次當，遭了三、四次災還在一昧的怨別人，不做自我反省，是不是頭腦壞掉了呢？我想隔段時間，此人仍會再次的遭遇相同的事件。自己不想改，別人也是幫不了忙的了。

廉貪、陀羅入兄弟宮

當廉貞、陀羅入兄弟宮時，**你是巨門坐命子、午宮的人**。你會有品行不佳，行為乖張，不學無術、好邪淫的兄弟。你常會因兄弟而遭受拖累，兄弟感情很惡劣。常會發生打架、吵架之事。你的父母宮有天相、擎羊，表示你的父母是懦弱怕事之人，根本管不了你的兄弟，說不定還縱容他，所以你只有自求多福了。

廉貪、陀羅入夫妻宮

當廉貞、陀羅入夫妻宮時，**你是天相、擎羊坐命的人**，你本身就是『刑印』和『刑福』格局，所以你的性格上會有些懦弱怕事，你會找到品性不佳的配偶，吵架、打架無寧日。最後你都很吃虧，吵不過配偶，家中會有家庭暴力、不安寧。配偶也會是個好淫的爛人，你也會因被強暴、沒辦法而和人結婚。

廉貪、陀羅入子女宮

當廉貪、陀羅入子女宮時，**你是同梁坐命的人**。你和子女的感情惡劣，你的家中多糾紛、是非。也會生到不受教、品行不好的子女。你的教育方式也很差，你又沒耐性，你是溫和性格的人，但會生到性格強硬、固執、比較笨、不聽話，有叛逆性格，與家人不和睦的子女。所以你要小心了，老年時有不肖子會讓你生氣、痛心。並且，你也可能是因一夜風流而懷孕，不得不結婚，而生下子女的。同時也表示你的才華很拙劣，只是對性愛有才華而已。

廉貪、陀羅入財帛宮

廉貪、陀羅入財帛宮時，**你是武殺坐命的人**。你的夫妻宮是天相、擎羊，所以你的內心就是『刑印』格局，所以你常會顯現出懦弱的心態，然後又想得多。你本命就是『因財被劫』的格式。而財帛宮是廉貪、陀，在得財方面沒有運氣，也沒有智慧去生財，所以財會拖延不進。你在工作上很拚命，官祿宮是紫破。所以只要努力工作，有固定的工作，即會有薪水可過活了，只不過常有窮困現象，手頭常拮据。你也不願意讓配偶幫你管錢財，你的理財能力也不好，一個人苦撐，很辛苦。癸年生並有廉貞、貪狼化忌、陀有在財帛宮的人，財運上更困苦，還多是非災禍，很難平息。

廉貪、陀羅入疾厄宮

當廉貪、陀羅入疾厄宮時，**你是太陽坐命辰、戌宮的人**，你在子女宮會有天相、擎羊，你可能會有血液方面的毛病，亦可能會得花柳病，和性器官、生殖力方面的毛病，所以你很可能會不孕，難生子。亦可能會生出身體有毛病的小孩，養起來很辛苦。

廉貪、陀羅入遷移宮

當廉貪、陀羅入遷移宮時，**你是空宮坐命的人**，你的命宮也可能會有其他的星，如文曲、文昌、火星、鈴星、地劫、天空、祿存等星入宮。也可能根本就是空宮無主星的命格。

當廉貪、陀羅在遷移宮時，代表你外界的環境（周圍的環境）中就是一種運氣很低落、很笨，沒有智慧，凡事拖拖拉拉的，完全沒有機會，頭腦又會頑固，想不開，行為上又乖僻的環境。所以你遇到的人多半是上述這種運氣壞，沒德行的人。所以你的環境是很壞的。這也影響到你的性格上也有這種人緣不好、惹人討厭，不懂得尊卑，做事不會多想，常遭遇不平等的待遇，被人嫌來嫌去，常遇災禍之事了。你一生的成就也差，工作時期不長久，也無法升到高職位，一生打拚，最多金錢順利一點，但仍是小職員。癸年生的人更有貪狼化忌在遷移宮的人，人緣及環境更壞，是非災禍更多，絲毫無機運可言，只能做個爛人過一生了。

廉貪、陀羅入僕役宮

當廉貪、陀羅入僕役宮時，**你是天機坐命子、午宮的人**。你的朋友運很差。朋友都是品行不佳，又笨又壞的人。你的人緣也不好，交友方式有問題，你常結交一些與酒色財氣有關的朋友，會交一些酒肉朋友。對你一點幫助也沒有，你並且要小心流年不利時，又走到『廉貪陀』的流年、流月、流日時，要小心受到朋友的性侵害，因此要注意朋友中有品行不佳的好色之徒，以防有災。

廉貪、陀羅入官祿宮

當廉貪、陀羅入官祿宮時，**你是紫破坐命的人**。你會做粗工或做一些不必要太多用大腦的工作。你也有可能會去做和色情有關的行業，或是在工作上遇到色情的事件而失去工作。你的職位會很低或根本沒有職階。在你的遷移宮中是天相、擎羊，因此你外在的環境就是一個無法掌握權力，不受別人尊重，也沒法得到認同的環境。你會有些懦弱，又有些自大狂，最容易顯現出來的，就是你的臭脾氣。不過你再怎麼頑固，都是雷聲大、雨點小的，你最後都會軟下來，心甘情願的勞苦一生，賺最低的工資，做最低微的工作。這是一個做僕人、管家類型的工作運，一生受人指使。女子有此官祿宮的人，會做婢女、僕人，亦容易墮入風塵為娼妓。丁年生的人，有巨門化忌、祿存在疾厄宮，其人從小身體不好，長大後會有花柳病。癸年生的人，有貪狼化忌在官祿宮，更無工作。人緣、機運更差，是非更多。

廉貪、陀羅入田宅宮

當廉貪、陀羅入田宅宮時，**你是空宮坐命有同梁相照的人**，你的家中不寧靜，時常爭吵無寧日，家中也易有桃花邪淫之事，讓外人不恥，名聲不佳。同時你與房地產沒有緣份且常有是非。你住處的房子也會住在不高尚的風化區的地方。你們家和周遭的鄰居感情也惡劣，少來往。你的僕役宮中有天相、擎羊，你在朋友之中講話沒份量，別人不太瞧得起你，把你看扁了，所以你也不喜歡和別人有瓜葛，少來往。

廉貪、陀羅入福德宮

當廉貪、陀羅入福德宮時，你是**天府坐命卯、酉宮的人**。你的官祿宮有天相、擎羊，表示你天生人緣不太好，有些笨，且會有低劣、邪淫的想法和觀念，因此在工作方面也會做讓人踩在頭頂上，被人控制，無法自己做主的工作。你的理財能力也不好。你的遷移宮是武殺，外面環境中就是『因財被劫』窮困、凶惡的環境，所以周圍的人對你也很凶，讓你賺不到錢，也很難翻身。一生都非常辛苦。

丁年生，命坐卯宮的天府坐命者，有巨門化忌、祿存在田宅宮，具有『羊陀夾忌』的惡格。午年會遭災，有性命之憂。家中或許有一棟房子，但是非紛爭不斷。你天性好色，也是家宅不寧的主因。

癸年生，命坐酉宮為天府的人，福德宮有廉貞、貪狼化忌、陀羅。夫妻宮有紫微、破軍化祿，田宅宮有巨門化權、祿存。父母宮是太陰化科。你會有溫和有氣質的父母，也會有無數的家產和房地產。但你天生人緣不好，人見人厭，多是非，內心還狂佞。還會有因邪淫桃花所引起的是非麻煩。是個好淫色而讓人討厭的人。

廉貪、陀羅入父母宮

當廉貪、陀羅入父母宮時，你是**太陰坐命辰、戌宮的人**，這表示你父母的結合是不名譽的結合。你也可能是私生子或不名譽被偷偷生下來的人。父母和你沒緣份。他們的頭腦愚笨、不聰明，常做傻事。對待你也無情、絲毫不顧念你的臉面。他們的脾氣不好，對待你很惡劣。你有天相、擎羊在田宅宮，表示家宅不寧，家中無法保護你。所以你小時也許會被賣掉，或送給別人養，生命較坎坷。

丁年生的人，有巨門化忌、祿存在福德宮，且是『羊陀夾忌』，若是陽男陰女順時針方向行運的人，則不一定會活得久，長得大，很可能會早夭。陰男陽女逆時針方向行運的人，也要小心二十歲至三十五歲的大運中逢午年有性命之憂。

癸年生的人，有廉貞、貪狼化忌、陀羅在父母宮。福德宮是巨門，田宅宮是天相、擎羊，是『刑印』的格局。此人會一生多是非，又有家宅不寧的現象，家中根本無法保護他，很可能是傷害他的地方。他和父母無緣，不來往，仍有很多是非。父母就是傷害她的凶手。

貪狼化忌的刑運格局

當一個人出生在癸年，不論是癸丑、癸卯、癸巳、癸未、癸酉、癸亥年，出生在癸年的人，都有貪狼化忌在命盤中。也不論貪狼化忌在那一宮，我們大致都可知道此人經常會有人緣不佳，或犯了人災的毛病。自然！當貪狼化忌在『命、財、官、夫、遷、福』對人一生的運氣會產生直接的刑剋。雖說是『刑運』，其實也是『刑財』。運不好了，機會少了，緣份不佳了，財就少了，這是一貫的道理。所以六親宮的『刑運』格局中有貪狼化忌時，其狀況也同樣是會刑到財的。其人一生的財富是會減少或打折扣的。

貪狼化忌入命宮

貪狼化忌入人之命宮時，其人會頭腦不清楚，有特殊的思想，與人產不合作，不配合，與人有格格不入的現象。貪狼化忌都是人緣不佳。但依廟、旺、平、陷各有不佳的層次。也各有不同內容層次對人生的影響。就此一一說明之。

貪狼化忌在辰、戌宮入命宮

當貪狼化忌在辰、戌宮入命宮時，對宮（遷移宮）是武曲，此人出生和生長、生活的環境中是很有錢、富裕的高層次環境。因貪狼在辰、戌宮居廟，因此此貪狼化忌的層次很高。所以化忌對此人刑剋時，有時是外觀不明顯的。當你真正和他一起生活，接觸時，你才會發覺：他的思想方式和看待事物的態度是有問題的，往往和常人不一樣。在待人處世方面也顯得格格不入。他是生長在好環境中的人，不知天高地厚，常說一些無知，讓人不高興、不喜歡，甚至痛恨的話。他的機會並不是太好，也不懂得掌握機會，但他命好，一出生已經有了富裕的格局。只要享福就好了。命坐辰宮的人，財帛宮有破軍化祿、祿存，是又小氣又愛花錢，錢都花在自己身上的人。命坐戌宮的人，福德宮有廉相、祿存，一生也不愁錢財。他們是容易指鹿為馬，飽漢不知餓漢飢的人，他們的暴發運不發，一生可平順過日子，但其人的財是中等以下的財了。

貪狼化忌在子、午宮入命宮

貪狼化忌在子、午宮入命宮時，是居旺的。因此化忌的層次也較高，此時對宮有紫微星，表示外在的環境又是很高尚，很祥和的，有地位的環境。但是此人會顯出一些不友善，不想與人來往，有些孤獨，愛躲避人的現象，他們有些孤高，讓人覺得有些驕傲或看不起人而不與人來往。另一方面他們卻是非常害怕別人而不與人來往。實際上也是，另一方面他們卻是非常害怕別人來侵害他們。這主要也是對宮有紫微星的影響，紫微是帝座，受制對宮化忌的沖剋，就會閉關自守了。

命坐子宮的人，會有貪狼化忌、祿存在命宮，財帛宮是破軍化祿，父母宮是天同居陷、巨門居陷化權、擎羊。此人是特別的保守，內向，根本沒有人際關係，很愛賺錢，只出現在工作場所和回家兩個地方。父母長輩對他管得很凶。他像一個小媳婦一樣。他會有自己固定的財，為中、下層的人生。

因為自己不會發覺機會，而且還自斷機會的緣故。

命坐午宮的貪狼化忌坐命者，其遷移宮是紫微、祿存、財帛宮有破軍化祿、陀羅，疾厄宮有擎羊居廟。父母宮是天同、巨門化權，此人的環境是看起來還可以，有點財，但他花錢花得凶，耗財多，身體又不好，常有傷災、開刀之事。父母管他也管得凶，吵得厲害。讓他很頭痛。此人遷移宮是紫微居平和祿存，故環境只是小康而已，不可能大富。其人也會更孤獨，不愛理人，有怪癖。

貪狼化忌在寅、申宮入命宮

當貪狼化忌在寅、申宮入命宮時，因對宮相照的是居廟的廉貞星。這是爭鬥、營謀、計劃，帶有陰險意味的星曜。是故命宮在寅、申宮這個位置再有貪狼化忌時，就不會像前面有武曲或紫微相照那麼正派了。

貪狼化忌坐命寅、申宮的人，是喜歡爭鬥、搞權謀，且有反覆的、情緒多變的，翻來覆去的情緒和思想。也會有怪異的幻想。完全會無視於正統或規律性，他能顛覆社會的倫理道德，欲達目的，不擇手段，不把別人當人看，一味成就自己的貪念。

貪狼在寅、申宮是居平位的，好運已經很低、沒有了。再加上化忌更是凶惡。但貪狼化忌在寅宮、申宮是有層次區別的。貪狼屬木，化忌屬水。在寅宮時，寅宮屬木，所以在寅宮的貪狼化忌，化忌會受到壓制，其人會好文采，有爭鬥也是利用文鬥來與人做筆仗。做刑名刀筆的訟師、法官很好。

貪狼化忌在申宮時，申宮屬金水，貪狼屬木，金木相剋，化忌屬水，在申宮更加猖狂。故而貪狼化忌在申宮坐命的人，是混世魔王的材料。毛澤東就是貪狼化忌、文曲坐命申宮的人。文化大革命的悲慘歷史，中國大陸落後五十年落差，都是此一人的怪異行徑所為。貪狼和文曲是政事顛倒，是非顛倒，愛狡辯。貪狼化忌也是黑白顛倒，頭腦不清。這是中國大陸的人，大家都命不好，才會逢到一代暴君吧！

貪狼化忌命坐寅宮的人，有武府、祿存在夫妻宮，破軍化祿在財帛宮，有天機、巨門化權在父母宮，他的父母是有知識，有能力的父母。配偶更好，更有錢。他性格保守，會因事制宜，見機而行，依賴配偶過一生。

貪狼化忌命坐申宮的人，也有天機、巨門化權在父母宮，財帛宮是破軍化祿。官祿宮是七殺、祿存。僕役宮是擎羊。田宅宮是天梁陷落、陀羅。此人的父母也是具有知識，有能力的人，例如毛澤東的父親就是秀才、舉人之流的人。他一生在外打拚、爭鬥，朋友宮是擎羊，朋友對他很惡毒，他也對待朋友很惡毒，相互剋害。一生不必買房地產，因為東奔西走，無固定位所，生活不安寧之故。

武曲、貪狼化忌入命宮

當武曲、貪狼化忌入命宮時，表面上看起來是『刑運』的格局，但實際上也會刑到財，使其人賺錢少了。因武曲究竟是和貪狼化忌同宮，相互影響之故。有此命格的人，因為機會、機緣受到牽制，再想去取財，自然慢半拍，或因思想上不想去賺，而賺錢少進了，並且暴發運不發，偏財運也沒了。

武曲、貪狼化忌入命宮的人，多少在人緣上有些瑕疵，他不喜歡繁文縟節和人際關係中的送往迎來，更不喜送禮那一套馬屁文化。所以他是和人刻意有某種距離的。雖然武貪同宮時是居廟，故有貪狼化忌此時也是居廟的，看起來人緣不佳不算太嚴重，但在做人處世上，仍有一些格格不入，以及俱有和常人一般不同的思想，這一點是很明顯的存在的。

有一回在聊天，有一位命宮是武曲、貪狼化忌的男士有點得意的談到，以前在大學舞會中，他都是專門去請那些坐冷板凳的女生跳舞。意下之意他非常有同情心。當時我問他：你不怕別人會錯意，以為你對她有意思嗎？他吱唔以對說：這我沒想到！可見他的想法是有些奇怪的。本來命宮有貪狼星的人，對人際關係中的氣氛是敏感，但粗糙的，他善於觀察臉色，但並不真心關切別人內心是為什麼事高興或不高興。看到別人臉色好、高興了，便來湊熱鬧。看到別人臉色不佳，聞到氣氛不好，他就溜得快，絲毫都懶得用心去看真實情況。有貪狼化忌就更明顯了，他甚至對氣氛有時都感應不出來高低，所以有時會碰一鼻子灰。

命坐丑宮的人，命宮中還有擎羊同宮，有天同、太陰化科、祿存在兄弟宮，父母宮是太陽、巨門化權，夫妻宮是天府、陀羅。此人有嚴厲的父母，他和兄弟姐妹的感情好。配偶比他的能力差，存錢也不行。他不見得會給配偶管錢。他的財帛宮是廉貞、破軍化祿。官祿宮是紫殺。故只要打拚就有錢賺，但錢財留不住，靠薪水過日子，一生辛苦、操勞、身體也不好，流年逢丑、未、卯、酉，都要小心傷災，命不長。

命坐未宮的人，父母宮依然有太陽、巨門化權，兄弟宮是天同、太陰化科居平陷之位，財帛宮是廉破、官祿宮是紫殺、陀羅。僕役宮有祿存，遷移宮有擎羊。

故此人一生環境中爭鬥、是非多，人緣、機會更少。他會和父母、兄弟姐妹保持距離，交朋友也保守，只會交一、兩個真心朋友，但大致對人還友善，別人也對他友善，會給他錢賺，但財不大，他一生努力工作，但結婚後較能聚集財富。小心丑年有傷災，一生暴發運不發，宜做專業人才，做薪水族。

紫微、貪狼化忌入命宮

當紫微、貪狼化忌入命宮時，你常惹桃花糾紛。你是看起來人緣並不好，但桃花事件總是扯上你，讓你很煩。你在思想上有孤獨，與人不和的情形。機緣、機會都不好。但你的長相仍然是氣派，有美麗外表的，可能臉上、身上有痣很明顯。你不喜歡與人太接近，你會做一般的小市民。因為財帛宮有武曲、破軍化祿，所以你會有可糊口的薪資，但也喜歡花錢，仍是財留不住的狀況。

命坐卯宮的人，夫妻宮有天府、擎羊，財帛宮是武曲、破軍化祿、陀羅，官祿宮是廉殺。父母宮是巨門陷落化權。此人有嚴厲的父母和他不和。他的內心很計較，可能不易結婚。夫妻宮是『刑財』的格局，表示其人內心的財庫有了很嚴重的破洞。所以他在賺錢上有疏失，是看起來似乎賺了一點錢，但花費多，耗財更大，他必須靠蠻幹努力來賺錢、增加財富。他的田宅宮是天梁居廟，會有不少房地產的祖產，只是手邊財不多而已。

命坐酉宮的人，夫妻宮比較好，是天府居廟，表示配偶就是他的財庫，雖然他腦子有些問題，人際關係搞不好，官祿宮有廉殺、羊，是非爭鬥多，工作不順的狀況。其財帛宮是武曲、破軍化祿。但田宅宮是天梁居廟、祿存。家產較多可繼承。故辛苦一生還不錯。

廉貞、貪狼化忌入命宮

當廉貪、貪狼化忌入命宮時，你真是人緣壞極了，處處惹人厭，很多人都希望你從地球上消失。你自己覺得無辜，也不知道為了什麼別人這麼討厭你？同時你也想不出辦法來改善。凡是一切與機會和人緣，靠人際關係可做成的事都和你無緣。你也不想拜託人家，看人家臉色，所以只好自怨自艾，委曲求全的過一生。你的父母宮有巨門化權居旺，你的父母管你很嚴，動則喝斥，姐妹對你較好。你的財帛宮有紫微、破軍化祿。官祿宮是武殺。做軍警人員，少作怪可一生平順。

命坐巳宮的人，財帛宮會有紫微、破軍化祿、擎羊，遷移宮會有陀羅，形成『廉貪化忌、陀羅』的『風流彩杖』格帶化忌的格局，是一個沒用的傢伙，只會搞淫亂生事，有官非，錢財也不順。

命坐亥宮的人，福德宮有天相、擎羊，命宮有廉貞、貪狼化忌、陀羅，也是個風流淫亂之徒，也容易坐牢，此人是懦弱無用之人。

貪狼化忌入夫妻宮的刑運格局

貪狼化忌在辰、戌宮入夫妻宮

貪狼化忌在辰、戌宮入夫妻宮時，你內心中的想法就是『刑運』的格局。

你是癸年生，廉相坐命的人。你與配偶感情惡劣，非但不能溝通，且常有是非爭執而反目成仇。你的配偶沒德行，同時你也可能很晚也不結婚。在你的內心中會有和常人不一樣的想法，你會心態較保守，對於人際關係很厭惡，不喜歡交際應酬。你的配偶其實和你一樣，也是個人際關係不太好的人，也是個感情不易表達消楚的人。常因馬虎而惹是非。

夫妻宮為貪狼化忌在辰宮的人，你的遷移宮有破軍化祿、祿存。疾厄宮有天機陷落、擎羊。僕役宮是太陽陷落、陀羅，兄弟宮是巨門居旺化權。你在家中有長兄會管你，你與配偶和平輩的關係都不太好，朋友也都是笨而沒出息的人。你的環境適合你打拚，多得財祿。你會做公務員，財帛宮是紫府，官祿宮是武曲，能賺到不少錢財。但你的身體不好，要多保養，以防肝腎要開刀。

夫妻宮是貪狼化忌在戌宮的人，你的命宮中有廉相、祿存，父母宮是天梁、擎羊，兄弟宮是巨門化權、陀羅。遷移宮中有破軍化祿。財帛宮是紫府，官祿宮是武曲。所以你本命有財，環境中的財雖少，主要是因為父母、兄弟、配偶和你的性格都不一樣，沒有助力，反而施暴你。你一個人獨自打拚，做公務員能賺到不少財富，你一生辛勞，投身工作，沒有其他的娛樂。

貪狼化忌在子、午宮入夫妻宮

貪狼化忌在子、午入夫妻宮時，你的內心也是『刑運』格局。你是癸年生，武相坐命的人。你可能會晚婚或不婚。也可能結婚後有性格怪異、也不好溝通、彼此間有摩擦不和的配偶。也容易擁有性格頑劣的配偶，不和你同心。同樣在你的內心世界中也是和人有距離，不想和人好好相處，有孤獨、保守之象。因此這個『刑運』格局，會讓你失去很多人緣、機會。

夫妻宮在子宮有貪狼化忌的人，同時有祿存在夫妻宮中，兄弟宮有天同、巨門化權、擎羊，子女宮有太陰居廟、陀羅居陷。你和兄弟、配偶以及平輩的關係都不好。在人緣上有瑕疵，為人較孤獨，你比較會放心思在工作上。你的遷移宮是破軍化祿。財帛宮是廉府。官祿宮是紫微。你做公務員，薪水族可做到高位。也可做公司負責人。一生富足平順。

夫妻宮在午宮有貪狼化忌的人，會有祿存和紫微居平在官祿宮，僕役宮是擎羊。田宅宮是天機居平、陀羅。雖然你的財帛宮依然是廉府，遷移宮中

依然是破軍居得地之位帶化祿，你會因為內心有障礙不結婚，遲婚，也會找到人際關係不佳，及溝通上有困難，且多是非的配偶。你刑運刑到內心中，是先天的觀念就不好，因此在內心中就拒絕好運降臨。雖然你的工作職務會帶給你一些財祿，你也很拚命打拚。基本上你很愛吃穿方面的享受，破耗也較多，只適合做薪水階級，留不住房地產。即使父母留給你，你也保存不住。你是個家宅不寧的人，家中的人差不多都是表面有小聰明，但實際上很笨，知識水準不高的人，再加上你的朋友運也不好，有惡毒、侵害你權益的朋友。所以你根本不相信任何人。你只有靠自己的努力，錢財可順利一點。

貪狼化忌在寅、申宮入夫妻宮

貪狼化忌在寅、申宮入夫妻宮時，你是**癸年生，紫相坐命的人**。夫妻感情惡劣，常會找到情緒和做人都很差的配偶，但你不一定會離婚。你也可能晚婚、不婚。在你的內心中比較悶，你也許並不喜歡和人來往，『刑運』格局在你的內心之中。

貪狼化忌在寅宮為夫妻宮的人，你的財帛宮有武府、祿存，遷移宮有破軍化祿。官祿宮是廉貞居廟。擎羊在你的子女宮和日月同宮。疾厄宮有天同、陀羅。要小心車禍的血光之災。你一心只愛賺錢，注重工作，你和配偶的感情不佳，和子女也有刑剋、緣份淺，所以你愛工作，甚過於家庭。

貪狼化忌在申宮為夫妻宮的人，你的福德宮有七殺、祿存。田宅宮有擎羊。父母宮是天梁陷落、陀羅。雖然你的財帛宮依然是武府。遷移宮依然是破軍化祿。官祿宮依然是廉貞居廟。兄弟宮是天機、巨門化權。表示你在家中多是非，以爭吵定輸贏，兄弟都較強，比你會吵、會爭，你吵不過他們，你的家中爭鬥很多，你和配偶、子女的感情都不佳。原本你的父母就可能不全或分開，對你的照顧就不好，你的家道是中下階級的家道，比前者差，所以你的房地產少，也留不住。你的手中錢財仍順利，工作也順利，但比較辛苦，你是一個靠自己奮鬥而能成功的人。

武曲、貪狼化忌入夫妻宮

當武曲、貪狼化忌入夫妻宮時，你是**癸年生，天相陷落坐命卯、酉宮的人**。你和你的配偶人際關係都不好，你們內心對人防得很嚴，但因敏感度不夠，仍常常上當吃虧，也會賺錢不那麼順利，你只是一般小市民的生活，在錢運上常介於窮困和平順之間，生活不富裕。

夫妻宮在丑宮的人，夫妻宮中有武曲、貪狼化忌、擎羊，財帛宮有天府、陀羅。表示你的內心想法很怪異，和一般人不一樣，又很計較，所以影響到你賺錢方面的機會，故而財不容易賺進來。財庫有了破洞，還漏財。你的配偶若是做軍警業，你馬馬虎虎的還有一些安穩日子好過。若你的配偶是做一般行業的人，則常無工作，你的生活就困苦的多了。這要靠你自己去賺錢來生活養家。你所賺的錢也很少，所以生活較困苦。你也可能會離婚，自謀生活。

夫妻宮在未宮的人，夫妻宮只有武曲、貪狼化忌時，官祿宮是擎羊，你

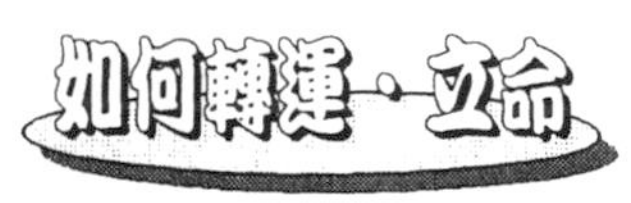

的遷移宮中有廉貞、破軍化祿，你會很打拚、賺錢，只是人緣不好，在工作上競爭多，做與血光有關的工作，例如在醫院中工作，或做救難工作，會賺到稍多一點的生活之資。

紫微、貪狼化忌入夫妻宮

當紫微、貪狼化忌入夫妻宮時，你是**癸年生的天相坐命巳、亥宮的人**。你的遷移宮會有武曲、破軍化祿。表示在你的環境中是比一般天相坐命者較窮的環境而稍稍多一點財的環境，但只多一點點，仍不富裕。你的內心中有些驕傲、自以為尊貴，容易看不起人，而少和人來往。因此內心中就劃地自限，機緣和機會都少了。你也會擁有長相氣派、美麗但脾氣性格怪異的配偶。配偶也會是看起來有桃花，但是會惹到是非麻煩的桃花，讓你心煩。

夫妻宮為紫微、貪狼化忌在寅宮的人，財帛宮是天府、擎羊，是『刑財』的格局。所以你賺錢辛苦，不容易賺到也留不住，而且管不到錢。你的官祿宮是空宮有紫微、貪狼化忌相照。你的遷移宮是武曲、破軍化祿、陀羅。

所以你也許不會工作，工作時間不長久。找工作也不容易，你會靠父母和配偶過一生。

夫妻宮為紫微、貪狼化忌在申宮的人，你的命宮是天相、陀羅。是『刑印』格局。你本人比較笨及懦弱，也沒有辦法掌權掌錢，理財能力差。你的福德宮是廉殺羊，父母宮有天梁、祿存，所以你要不然就是由父母作主結的婚，由父母一直照顧你，要不然不婚，也由父母照顧你。

廉貞、貪狼化忌入夫妻宮

當廉貞、貪狼化忌入夫妻宮時，你是**癸年生天相坐命丑、未宮的人**。你的配偶運非常差，有行為卑鄙、惡劣、無行之配偶，而且常和你發生紛爭，也會有家庭暴力產生。配偶的人緣極壞，而且還是為此社會唾棄之人。同時在你的內心中也會有沒智慧、沒知識、偷雞摸狗、不行正道的想法。你總會覺得也許別人不知道愛佔一些小便宜，也不太遵守法律規範。所以基本上你也是一個小人作風的人。你也會人緣不佳。別人也不太願意管你的事。

廉貞、貪狼化忌在巳宮為夫妻宮時，你的遷移宮中有紫微、破軍化祿、擎羊。在你的環境中是表面看起來不錯，實際內裡是爭鬥多、破爛、不和的狀況。你的官祿宮有陀羅。和夫妻宮相照，形成『廉貪陀』帶化忌，為『風流彩杖』帶化忌的格局。是淫亂帶官非的格局。所以你的工作低下，知識水準不高，本身就混跡下等社會，夫妻倆一同亂七八糟的混生活、吵架、打架無寧日，有一天鬧成了家庭悲劇，雙方都難逃官司纏身。

廉貞、貪狼化忌、陀羅在亥宮為夫妻宮的人，你的命宮有天相、擎羊，本命是『刑印』格局，為人懦弱怕事，配偶是凶惡之人，有家庭暴力產生。在你的內心中，也有懦弱、人緣不佳、思想遲鈍、笨拙、委曲求全，順應邪佞的心態。不過你的遷移宮是紫微、破軍化祿，財帛宮是天府，官祿宮是空宮，你對配偶的態度是無論他做多少壞事，你都視若無睹，充耳不聞。

貪狼化忌入財帛宮

當貪狼化忌入財帛宮時，賺錢的機會和機運就沒有了。而且有是非、糾紛、災禍產生，錢財是不順利的。這種『刑運』格局在財帛宮，不但刑剋人緣機會，也刑剋財運。

貪狼化忌在辰、戌宮入財帛宮

當貪狼化忌在辰、戌宮入財帛宮時，因為貪狼在辰、戌宮是居廟的，是故化忌的影響也小一點。化忌又在辰、戌，入墓宮被困住，影響較小。只是人緣機會不好了，暴發運不發了。也困住貪狼的行動了。

當貪狼化忌在辰、戌宮為財帛宮時，你是癸年生，七殺坐命寅、申宮的人。你的賺錢機會少了很多。但你的福德宮是武曲，你天生命中有財。還移宮是紫府，環境不錯，只是你取財不順利，又沒人幫。只要找到左右手，仍是問題不大的。

財帛宮是貪狼化忌在辰宮時，你是癸年生，七殺坐命申宮的人。你的官祿宮有破軍化祿。僕役宮有天機陷落、擎羊。田宅宮有太陽陷落、陀羅。由此可看出你的家財很少了，都會吃光用盡，你必須很努力的工作才有衣食之祿，但並不富有。

財帛宮為貪狼化忌在戌宮的人，你是癸年生，七殺坐命寅宮的人。你的夫妻宮是廉相、祿存，官祿宮是破軍化祿。兄弟宮是天梁、擎羊。子女宮是巨門化權、陀羅。田宅宮是太陽居旺，雖然你的財帛宮仍是貪狼化忌。但你只是在錢財方面機會不好，容易有是非而已。你的配偶好，事業也可生財，所以家業興盛。財庫豐滿。所積留的家產還是十分豐厚的。你不會有偏財運，反而激發你的正財運，你仍是十分富有的人。

貪狼化忌在子、午宮入財帛宮時

當貪狼化忌在子、午宮入財帛宮時，你是癸年生，七殺坐辰、戌宮的人，你的官祿宮是破軍居得地化祿，所以由『命、財、官』三方合起來的判斷，你的財運就比七殺在寅、申宮的人少了。不順的狀況也更嚴重了。

當財帛宮為貪狼化忌在子宮時，你是七殺坐命辰宮的人，你的子女宮有天同、巨門化權、擎羊，疾厄宮有太陰居廟、陀羅。你的福德宮是紫微。父母宮是天機居平。這表示你在遺傳因子上有一些問題，你的身體不好，生出的子女會有先天性殘障，你的才能也不佳。你的夫妻宮是武曲、天相，你會有能幹會賺錢的配偶來支撐你。你天生喜歡享福、享受，你的配偶比你付出得多，你只是一般有工作的小市民而已。

當財帛宮是貪狼化忌在午宮時，你是癸年生，七殺坐命戌宮的人。你的父母宮是天機居平、陀羅，田宅宮是擎羊，福德宮是紫微居平。官祿宮是破軍化祿。你幼年會失去雙親，在孤兒院或寄養親戚家長大，也可能父母離異，家庭破碎。家中不寧靜多爭鬥。

你的福德宮有紫微居平、祿存，官祿宮是破軍化祿，夫妻宮是武相。所幸你結婚後有好的配偶，也有固定的工作，有固定的收入。天生又會存錢，日子也可平順，但子女是笨拙、不聽話、成就不高的人，會讓你頭痛。

貪狼化忌在寅、申宮為財帛宮時

當貪狼化忌在寅、申宮為財帛宮時，你是癸年生，七殺坐命子、午宮的人。財帛宮的貪狼化忌是居平位的，機會幾乎近於無，還帶有是非災禍。你的官祿宮是破軍居旺化祿。因為你的遷移宮是武府。所以在你的周圍環境中是財很多的環境。但是『刑運』格局就在財帛宮，你是空坐寶山，但若無機會拿到財的人，你只靠打拚工作而得到極少的財。

當財帛宮在寅宮為貪狼化忌的人，你的遷移宮是武府、祿存，環境中的財富，富可敵國。但是你的疾厄宮是太陽陷落、太陰居廟、擎羊，僕役宮是天同、陀羅，表示你的身體不好，又會交一些笨而溫和的朋友，自己的身體和外在的助力都沒有辦法幫你賺太多的錢。心有餘而力不足，還好你有很好的配偶，夫妻宮是紫相，很會理財，所以讓他幫助你會賺到較多的錢財。所以你的賺錢工作必須和配偶共同努力才能達成。

當財帛宮在申宮為貪狼化忌時，你是七殺、祿存坐命子宮的人。你的父

母宮是擎羊，兄弟宮是天梁陷落、陀羅。父母、兄弟都對你有剋害或父母不全。你結婚後，配偶是你的賢內助，會幫助你理財、賺錢，因此你的事業也會蒸蒸日上。十五歲以後運轉好。

武曲、貪狼化忌入財帛宮

當武曲、貪狼化忌入財帛宮時，你是癸年所生的紫殺坐命者，你的官祿宮有廉貞、破軍化祿。你很有可能可在財經機構或傳播界上班，但你自己本身和錢財的緣份不深，你只會有固定的薪水，不會有什麼外快或特別的獎金。升官的機會也不多。要不然就會做一個冷門的職位，縱使讓你管到錢，管到預算，也是是非糾紛很多，讓你不勝其擾而放棄管了。你做軍警業也會是獨善其身的人，這表示你的品格會高一些。

財帛宮在丑宮的人，會有武曲、貪狼化忌、擎羊入宮，官祿宮依舊是廉貞、破軍化祿，這表示你在錢財上的機緣容易被阻斷，賺錢困難，容易賺爭鬥多，機會不多的錢，這樣當然是賺得少了。你在工作上又是一種衝動的，看起來有點財，但是有混亂、爭鬥、智慧形態不高的工作類型。你也可能在工廠、工地工作，賺錢不容易，你也不富裕。

財帛宮在未宮的人，會有武曲、貪狼化忌在財帛宮，而福德宮有擎羊，父母宮有祿存，官祿宮是廉貞、破軍化祿。你的父母是較富裕的人，會照顧你，給你錢花用。你有一定的工作，賺錢機會雖不多，但你會在工作崗位上做得很長久，如一、二十年之久。生活也會平順。

紫微、貪狼化忌入財帛宮

當紫微、貪狼化忌入財帛宮時，你是**癸年生的廉殺坐命者**。在你錢財方面只是一般生活過得去的財運。在各種因人緣、機會可得到的財，例如有別人介紹你可賺錢的機會全沒有，而且還可能因別人介紹而遭災。另一方面你錢財上非常吝嗇小氣。因為在你的遷移宮就是天府居廟，表示外界的環境就是一個錙珠必較，一板一眼財庫型的環境。你的官祿宮是武曲、破軍化祿，這是『因財被劫』的格式又帶一丁點祿，財沒被劫光，還留有一點。所以你在工作上賺錢固然不多，但仍會足夠生活的。

當財帛宮在卯宮是紫微、貪狼化忌時，你是命坐未宮的廉殺坐命者。你的遷移宮中有天府、擎羊。是『刑財』格局，是故環境中的財庫破了洞，財就少了大半。官祿宮有武曲、破軍化祿、陀羅。你的工作又是只能賺一丁點錢，是財窮又笨的工作，當然你很難發得了財。一生在貧窮中求溫飽足矣！

當財帛宮在酉宮是紫微、貪狼化忌時，你是廉殺羊坐命丑宮的人。你的夫妻宮是天相、陀羅。內心是『刑印』格局，你的身體不好，會有病，愛用腦、嫉妒心強、競爭心強，好爭鬥的人。但是你的內心常有愛死拚的笨想法，表面看起來好爭強鬥狠，其實內心是懦弱的。你的兄弟宮和僕役宮很好，所以平輩關係不錯，大家都會讓你。你也會找到笨一點、理財能力也不太好，兩人同樣對財不看重，同氣味的配偶。小心翼翼也可安穩過一生。

廉貞、貪狼化忌入財帛宮

當廉貞、貪狼化忌入財帛宮時，你是**癸年生的武殺坐命者**。你的官祿宮有紫微、破軍化祿。你是財運極壞，又多是非糾紛，別人根本不給你一點賺錢的機會。你必須靠努力工作，非常辛苦，能升官，薪水才慢慢升上去。但有時也會升了官，仍不調薪。

財帛宮在巳宮是廉貞、貪狼化忌的人，官祿宮有紫微、破軍化祿、擎羊，福德宮有陀羅，表示你是個很笨，只會蠻幹的人。在工作、職位上爭鬥又多，很不容易。但你的財、福二宮形成『廉貪陀』的『風流彩杖』格又帶化忌的格局，表示你會因色情事件影響到工作，也影響到賺錢，因此錢財窘困遭災，也會被告，挨官司。基本上你是頭腦不清的笨蛋。

財帛宮在亥宮是廉貞、貪狼化忌、陀羅的人，你是癸年生武殺坐命卯宮的人。你的夫妻宮是天相、擎羊，是『刑印』格局，你的內心就是想法懦弱，無法掌控財運的力量。財運真是爛上加爛了。因此非常窮困。你的官祿宮是紫微、破軍化祿，你必須委曲求全，拚命工作，在爭鬥中多忍讓，才有一口飯吃。

貪狼化忌入遷移宮

當貪狼化忌入遷移宮時，表示在自己周遭環境中，真是運氣不好了，有很多是非會發生。這是劫運、刑運的格局。但是也要看貪狼的廟、旺、平、陷，才可定出化忌的層次。化忌是災禍、是非、不順。貪狼居廟帶化忌的層次較高，為害要比貪狼陷落帶化忌為輕。最嚴重的就是廉貞、貪狼化忌，雙星居陷，化忌也因此居陷時的刑運格局，這是根本無運氣還有更深的災禍發生的狀況。

貪狼化忌在辰、戌宮入遷移宮

當貪狼化忌在辰、戌宮入遷移宮時，你是**癸年生，武曲坐命辰、戌宮居廟的人**。你本命是正財星坐命，但外在環境中機會不好，且多是非、有災禍，所以你為人會更孤獨一點，而且不愛動，不喜歡外出。是保守、人緣欠佳的人。因此你本命的財也會減少、減低。並且，你的『武貪格』暴發運不發，在貪狼化忌的流年中不順，多是非，運氣也不好，比別人少了一個好運年。

遷移宮在辰宮是貪狼化忌時，你是癸年生，武曲坐命戌宮的人。你的田宅宮有天機陷落、擎羊。有家宅不寧的問題，房地產也保不住，會遭人侵害。你的福德宮有破軍化祿、祿存。父母宮是太陽陷落、陀羅。父親可能早亡，你們家會受人欺侮，所以你對外人防得很嚴，人際關係不順暢。不過你會非常努力求上進，也會有自己排遣孤獨的方法。你會努力工作，在事業上和人爭長短，一生的錢財順利，但就是不能買房地產，以防損失。你沒有偏財運。以正財為主。

遷移宮在戌宮是貪狼化忌時，你是癸年生，武曲坐命辰宮的人。你的子女宮是天粱、擎羊。財帛宮是廉相、祿存。疾厄宮是巨門、陀羅。你的身體不好，生子不易，但可有一子，要小心傷災、牙齒的傷災，也要小心酒色之疾。你的財運很不錯，雖然外界的環境中人緣並不頂好，但你只要動起來，便有財進。你的福德宮是破軍化祿，表示你有自己特殊的嗜好，辛苦還是有代價的。貪狼化忌只會使你心情很煩悶，不想動，或因為有是非而不想動，機會減少一點罷了，同時在賺錢的機運上也略減罷了。情況還不很嚴重。

貪狼化忌在子、午宮入遷移宮

當貪狼化忌在子、午宮入遷移宮時，你是**紫微坐命子、午宮的人**。你是一個孤芳自賞，有自己的驕傲、高高在上，人緣有點不好的人。你也會保守、不愛動，也不喜歡交際應酬。是一個孤君無輔的人。

當遷移宮的貪狼化忌在子宮時，同時有祿存同宮，你是紫微坐命午宮的人。在你的環境中是一個份外保守、內向、害怕別人侵害，或怕人來打擾你

的環境。你的疾厄宮有天同、巨門化權、擎羊。僕役宮有太陰居廟、陀羅。你的身體不好，易有心臟、血壓、神經系統的毛病，也可能有傷殘現象及酒色之疾，很怕別人知道，你比較喜歡交溫柔、愛關心體貼人、又笨一點的朋友。你的財運順利，有一定的工作，做公職或薪水族，會到一個比較冷僻的機構中工作固定，是故你有一些怪癖，別人還能容忍你。

當遷移宮的貪狼化忌在午宮時，你是紫微居平加祿存坐命子宮的人。你的父母宮有擎羊，兄弟宮有天機居平、陀羅。你會父母不全或父母之一身體不好，你和父母、兄弟不和。和配偶也相處辛苦，只有和子女感情特好。你的財帛宮是武相。官祿宮是廉府。你一切靠自己打拚，賺錢來養子女，你是性格保守、吝嗇小氣的人，要到中、晚年才會平順。

貪狼化忌在寅、申宮入遷移宮

當貪狼化忌在寅、申宮入遷移宮時，你是**癸年生的廉貞坐命寅、申宮的人**。你是多謀略，擅心計的人，但是外界的環境太壞了，完全沒有機運。在升官運上你會比較難主貴，要是在求財方面稍好一點。但不適合做生意，仍以大公司、大機構或公職為最佳職業，做專業的薪水族，財運會好得多。本來廉貞坐命的人都擅交際應酬、拍馬屁，但有貪狼化忌在遷移宮中時，你完全不肯也想不到去做人際關係的事，是故為保守、人緣不佳的人。

遷移宮的貪狼化忌在寅宮時，你是癸年生廉貞坐命申宮的人。你的僕役宮是太陽陷落、太陰居廟、擎羊。官祿宮有武府、祿存。田宅宮是天同、陀羅。福德宮有破軍化祿。你的朋友運不佳，有背叛和會侵害你的朋友和部屬。你的工作以錢財為主，會在金融機構工作，是保守而錢多的工作。你一生勞碌，錢財順利，很會理財，但房地產有進有出，留存不多。

遷移宮的貪狼化忌在申宮時，你是癸年生廉貞坐命寅宮的人。你的夫妻宮是七殺、祿存。兄弟宮有擎羊。子女宮是天梁陷落、陀羅。你每天忙碌、配偶也忙碌生財。你六親不和，和父母、兄弟、子女皆不和，和配偶也是只能講錢，別的事也不和的狀況。你的內心就是小氣、吝嗇，是一種『刑財』的格局，也是『祿逢沖破』。你對小孩也沒照顧好，等到老年，你是有錢了，但讓你頭痛的、身心不愉快的就是家庭問題了。

武曲、貪狼化忌入遷移宮

當武曲、貪狼化忌入遷移宮時，你是**癸年生，空宮坐命丑、未宮的人**。你在外環境中的人緣、機會都不好，財也會少得。你的父母宮、兄弟宮，都是空宮。福德宮是廉殺。財帛宮是天相陷落。官祿宮是天府。夫妻宮是紫殺、陀羅。所以你在幼年和家人緣淺。結婚後配偶雖性格強一點，也沒什麼不好。你的內心就是一種有些強勢、自傲，又帶點笨拙死拚意味的性格，你自己有自己一套的固執想法，別人很難說服你。

遷移宮在丑宮時，會有武曲、貪狼化忌、擎羊入宮，此人一生就遇到不好的外在環境，人際緣份特差，很可能無父、無母、無兄弟，亦可能被父母送給別人養，進入一個剛暴的、對待他不好的環境之中，倘若是陽男、陰女，要到四十歲以後才開運。之前困苦，之後能過好一點的日子。倘若是陰男、陽女，二十五歲以後便開運了，情況好得多。一生只要有工作，就有飯吃，

是不太富裕的命格。

遷移宮在未宮時，你會是擎羊坐命丑宮的人，你在外人緣不好，但兄弟宮有祿存，夫妻宮是紫殺、陀羅，你與家人都相處還不錯。但你的財帛宮是天相陷落，福德宮是廉破，所以你一生的財福不富裕，一定要不停的工作可有飯吃。

紫微、貪狼化忌入遷移宮

當紫微、貪狼化忌入遷移宮時，你是**癸年生空宮坐命卯、酉宮的人**。你會有武曲、破軍化祿在福德宮。倘若你的命宮有火星或鈴星進入，你會在行運在命宮之年暴發。在貪狼化忌之年仍是不發的。你會長相體面、美麗，但保守、較孤獨，人緣不好，不太搭理人。你本命就較窮，又沒有機會，又多是非，是故一生成就不高。

遷移宮的紫微、貪狼化忌在卯宮時，你是空宮坐命酉宮的人。你的官祿宮是天府、擎羊，是『刑財』格局，福德宮是武曲、破軍化祿、陀羅，田宅宮是太陽落陷、祿存，是故你會做事務方面的工作，理財工作是不行的，你的工作也賺錢少。到老年會有一棟房子留存，一生辛勞，你是腦子有點笨、思想偏離、有點怪的人。

遷移宮的紫微、貪狼化忌在酉宮時，你是空宮坐命卯宮的人。你的夫妻宮是廉殺羊。子女宮是天梁、祿存。財帛宮是天相、陀羅。官祿宮是天府居廟，這表示在你的內心是死拚又愛競爭、愛鬥的人，你的手邊錢財不順，理財能力不好，管不了錢，但你會在公職或薪水多的公家機關中工作，或是在大公司當職。你會有家產繼承，中年以後財旺。但與配偶不和，會有生離死別之事。

廉貞、貪狼化忌入遷移宮

當廉貞、貪狼化忌入遷移宮時，你是**癸年生的空宮坐命巳、亥宮的人**，你的環境不好，是很低微、窮困，惹人討厭，智慧、人緣也不佳的環境。你若是天空、地劫同坐命宮的人，反而有抵制的作用，但只宜僧道，否則有短命之慮。若是有火星或鈴星或陀羅坐命的人，會做黑道、不法之徒，為社會敗類。

遷移宮為廉貞、貪狼化忌在巳宮的人，你是陀羅坐命亥宮的人。你的福德宮有紫微、破軍化祿、擎羊。父母宮是天機、祿存。父母為小康之家，但你是敗家子，又笨又惹人討厭，大家都對你敬鬼神而遠之。你可能是個強暴犯，或是浪蕩子或浪蕩女，不從正道。你的命、遷二宮形成『廉貪陀』帶化忌，故邪淫而惹災禍。好爭鬥，卻也爭不過，常到牢裡報到。

遷移宮為廉貞、貪狼化忌、陀羅在亥宮時，你是空宮坐命巳宮的人，你的財帛宮有天相、擎羊，故你天生不會理財，也管不到財。你是頭腦不清楚，很笨，意見又多，常把事情愈弄愈複雜，是難纏的傢伙，大家討厭你，也懶得理你，不過你會找到一個賺錢多，低下的工作，例如打掃清潔或環保的工作之類的工作，倒是一生順暢。

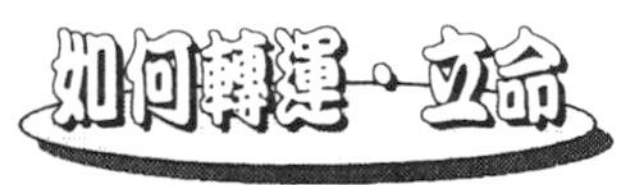

貪狼化忌在官祿宮的刑財格局

當官祿宮有貪狼化忌時，表示工作運不佳，沒有機緣、機會。但會因貪狼的旺弱，而產生化忌的旺弱，因而也會有等級、層次之分。例如縱然是有貪狼化忌，而貪狼化忌在辰、戌宮，貪狼居廟時，層級較高，化忌也就不那麼嚴重了，仍有是非、人緣不佳的問題。但比最低層次的廉貞、貪狼化忌要高出很多來。

貪狼化忌在辰、戌宮入官祿宮

當貪狼化忌在辰、戌宮入官祿宮時，你是癸年生，破軍化祿坐命子、午宮的人，你的升官運不太好，每次有機會，但總是有是非糾紛產生。你的夫妻宮是武曲居廟，表示你的內心是剛直、喜歡賺錢的或是政治性的，所以你注重的機運是賺錢的或政治性機運。你天生好爭鬥，自以為會贏，但你在工作上人緣不佳，機會也不是頂好，故時常輸，是非災禍常見，並且常惹官非。

當官祿宮為貪狼化忌在辰宮，你是破軍化祿、祿存坐命子宮的人。你是保守、小氣、吝嗇，命中財稍多一點的人，你的父母宮是天機陷落、擎羊。你會改姓，做養子、女，或入贅別人家，和父母緣份不深。兄弟宮是太陽陷落、陀羅，你也會和兄弟緣份淺。你一生的際遇轉變很大，但都化險為夷。你的朋友宮有巨門化權，在朋友中有說服力，升官運不好，機會不多，但仍能享受到物質生活的福份。

當官祿宮為貪狼化忌在戌宮時，你是破軍化祿坐命午宮的人，你的遷移宮是廉相、祿存，疾厄宮是天梁、擎羊，僕役宮是巨門化權、陀羅。你的環境中是有點財、平和、智慧度不高的環境，還不錯。父母宮是天機陷落，只是父母沒你聰明，又和你不和而已。你會有肝腎的毛病，或排泄、循環系統的毛病要開刀，身體不好，你的朋友是愛說話，但笨一點的人。大致說來你在工作上機會不太好，人緣也不太好，多是非，但嚴重性不大。有時會做不長而已。

貪狼化忌在子、午宮入官祿宮

當貪狼化忌在子、午宮入官祿宮時，你是**癸年生、破軍居得地化祿坐命寅、申宮的人**。你的父母宮、兄弟宮都是空宮，子女宮又是天機居平，因此與他們的關係都不深、淡薄，只有夫妻宮是紫微，配偶運好。你是自命高尚，喜歡交際應酬，但工作能力不行的人。你會靠配偶過日子。

貪狼化忌在子宮為官祿宮時，尚有祿存同宮。你是破軍化祿坐命申宮的人。你的夫妻宮是紫微居廟，官祿宮是貪狼化忌、祿存。故你要不然靠配偶過活，要不然會做一件工作一、二十年。你的僕役宮有天同、巨門化權、擎羊，故你會因朋友或同事、部屬製造的是非所陷害，以致失去了工作。

貪狼化忌在午宮為官祿宮時，你是破軍化祿坐命寅宮的人。你的兄弟宮是擎羊。夫妻宮有紫微、祿存。子女宮是天機居平、陀羅。父母宮是空宮。因此你和父母、兄弟、子女皆不和。只有配偶是你的最愛，你不太會工作，即使做也不長久，你會靠配偶生活。

貪狼化忌在寅、申宮入官祿宮

當貪狼化忌在寅、申宮入官祿宮時，是居平帶化忌，故化忌的層次也很低了，等於煞星逢陷，凶性更大。此時你是破軍居旺化祿坐命辰、戌宮的人。你是有心機、心計的人，不見得會工作。你天生愛享福，（福德宮是武府）遷移宮又是紫相，環境又平順、安適，所以工作一不順利，你就找安逸的地方享福去了。

當貪狼化忌在寅宮為官祿宮時，你是癸年生有破軍居旺化祿坐命戌宮的人，你的福德宮有武府、祿存，你的命、福有雙祿，你是愛享受物質生活又小氣吝嗇的人，只會把錢用在自己身上。你的田宅宮有太陽陷落、太陰居廟、擎羊。父母宮是天同、陀羅，表示父母是溫和又笨的人。家中陰盛陽衰，女性當家。你有的財祿只是自己享而已，工作不順利，就不做了，你依然有自己的福氣來享福。

當貪狼化忌在申宮為官祿宮時，你是癸年生有破軍化祿坐命辰宮的人。

你的財帛宮有七殺、祿存。子女宮有擎羊。疾厄宮有天梁陷落、陀羅。朋友宮是天機居旺、巨門居廟化權。遷移宮是紫相。你的身體不好，有牙齒、骨骼傷災，和血液有雜質，以及肝腎的毛病。所以得子不易，也易生有病痛傷剋的子女，也說不一定會絕嗣。你的財運是非常打拚有一些留存的錢財，不算富裕。祿存和七殺同宮也是『祿逢沖破』，故財不多。你比較會有知識水準高、有說服力的朋友。所以你很可能會做頂客族、不生小孩。你的工作也是常不定、機會不多，而且糾紛多的。

武曲、貪狼化忌入官祿宮

當武曲、貪狼化忌在官祿宮時，你是**廉貞、破軍化祿坐命的人**。你在工作上的機會差，做軍警業，也不易升官。你在工作上會剛硬、保守，但對錢財有敏感力，對錢財注意，但自己要爭卻爭不到，要借別人的手去爭才行。

官祿宮在丑宮的人，你的官祿宮中有武曲、貪狼化忌、擎羊，表示爭鬥多，又帶有是非和人緣、機會不佳的狀況，但看得見財，卻取財不易。你的僕役宮有太陽居旺，巨門居廟化權，表示你和朋友、部屬、上司是非不斷，但仍可利用口才辯論和說服力，在爭鬥中致勝。你是一個善於爭鬥的人，因為你的命宮就是廉貞、破軍化祿，應變的能力強，反覆無常，黑變白、白變黑，想法自由、運作自由。但你在工作職務上的機會還是不好，不過你還是可有不錯的薪水，有不少的房地產做積蓄，（你的田宅宮是天同居旺、太陰居廟化科。）家中是溫暖、有氣質、富裕的、裝璜美麗的家室。

官祿宮在未宮的人，你是廉貞、破軍化祿坐命卯宮的人。你的夫妻宮是擎羊。財帛宮是紫殺、陀羅。子女宮有祿存。官祿宮是武曲、貪狼化忌。田宅宮是同陰在午宮居平陷之位。因此你的家道較窮了。你和配偶不和，相互剋害，有一子，幼年身體不佳。你在錢財方面雖會打拚，但也破耗多一點，賺得少一些。在工作上你的機會不算好，又多是非，升職不易。你比較愛享福、破耗多，人生起伏大，不順利的時候多，也不會有什麼大成就，庸庸碌碌過一生。也沒有暴發運。

紫微、貪狼化忌入官祿宮

當紫微、貪狼化忌入官祿宮時，你是**癸年生，武曲、破軍化祿坐命巳、亥宮的人**。你在工作上的發展性不大，機緣少，升遷的機會也少，常可能中途失業。紫微一直在平衡祥順貪狼化忌，但只是孤芳自賞，能力不足，且有怪異不同於一般人的思想，故仍是不順。故有此官祿宮的人工作會斷斷續續，最後不工作了。

當官祿宮是紫微、貪狼化忌在卯宮時，你是武曲、破軍化祿、陀羅坐命的人，你的父母宮有太陽陷落、祿存。福德宮有擎羊。是故你一生辛勞奔波，腦子又笨，工作做不好，也享不到福。父母的財力比你好一點，但好不到那裡去。你會工作不順利，也可能不婚。這全是因為你的腦子思想頑固，有問題所致。

當官祿宮為紫微、貪狼化忌在酉宮時，你是武曲、破軍化祿坐命巳宮的人，你的遷移宮是天相、陀羅。這是『刑福』的格局。也是『刑印』的格局，所以你掌握不到主導、主控的權力，性格懦弱，有點笨。你的財帛宮是廉殺羊、這是工作做不好，沒機會也沒才能，故賺錢辛苦又賺不到。所幸你的父母對你好，對你寬容，會給你房地產，但你留不太住，常有損失耗弱的狀況。你一生只是個普通無用之人。

廉貞、貪狼化忌在官祿宮

當廉貞、貪狼化忌在官祿宮時，你是**癸年生紫微、破軍化祿坐命的人**。你可能根本不工作，因無機會工作，找也找不到，且還會發生是非糾紛。

官祿宮在巳宮為廉貞、貪狼化忌的人，本命有紫微、破軍化祿、擎羊，你是內心笨又惡毒，還冥頑不靈，常把心事、計謀放在心中暗中算計別人。夫、官二宮形成『廉貪陀』帶化忌，故而也是邪淫之人。所想做的工作也一定是和邪淫有關的低賤工作。多惹是非災禍，你也可能根本不工作而為好吃懶惰之人。

官祿宮在亥宮為廉貞、貪狼化忌的人，你的遷移宮中有天相、擎羊，是『

刑印』格局，故你在外是懦弱無用的人，你的官祿宮是廉貞、貪狼化忌、陀羅，你會操淫業，且多是非糾紛，除了長相還可以之外，為人鄙視。

貪狼化忌在福德宮的刑運格局

當貪狼化忌在福德宮出現時，是其人頭腦不清楚，宜招惹是非，是其人在思想上自己拒絕、排斥、運氣。或是用另一種怪異的想法做出與好運背道而馳的事情，讓運氣跑掉了，卻更招來是非糾紛及災禍。你的臉上可能有痣或斑點、胎記。

貪狼化忌在辰、戌宮入福德宮

貪狼化忌在辰、戌宮入福德宮時，你是**紫府坐命的人**。你沒有暴發運和偏財運。你心裡會有一些怪異的、貪心的想法，往往貪的不對，而更讓賺錢成了泡影。你的性格上多是非，也會使財福變少了。

福德宮在辰宮有貪狼化忌的人，你的兄弟宮是天機陷落、擎羊。夫妻宮是破軍化祿、祿存。子女宮是太陽陷落、陀羅。父母宮是太陰陷落。你的家道窮，父母窮，希望你早點外出打拚，好養家，兄弟姐妹也都靠你，但仍對你刑剋不友善。子女宮也不好，比起來你的配偶自己愛花錢，對外人小氣，但對你稍好一點。你家中不和是非多，但你可靠自己雙手打拚，錢財順利，事業可平順發展，你會有些孤獨、少交朋友或與人接觸。

福德宮在戌宮有貪狼化忌時，你會思想上有孤獨、保守的想法，對人疑神疑鬼的。你的僕役宮是天梁居旺、擎羊。朋友運不佳，有年長或年幼的惡毒之友來剋害你，使你心中難過。你的官祿宮是廉相、祿存。財帛宮是武曲居廟。田宅宮是巨門化權、陀羅。你的錢財順利，在工作上能賺到、儲存到一些財富。你很會理財。最後你掌握到很多房地產，但也會有消耗、賣掉的起伏。

貪狼化忌在子、午宮入福德宮

當貪狼化忌在子、午宮入福德宮時，你是**廉府坐命的人**。你也會具有一些莫名其妙的貪念。也會因為此貪念而惹是非災禍。你的人緣機會是有損害的，你會比較不喜歡動，行動力差。自然在賺錢機會上是無法掌握的好，而常失去某些機會的。故而賺錢會比沒有貪狼化忌在福德宮的人少。

當福德宮在子宮有貪狼化忌時，你是癸年生、廉府坐命戌宮的人。你的福德宮有貪狼化忌加祿存，所以你是一個份外小心、謹慎、保守、不太和人來往的人，有一些孤獨不合群。你的田宅宮有天同、巨門化權、擎羊。家宅不寧，有刑剋，也沒有房地產。即使有也有是非糾纏不清，形同虛設。父母宮有太陰、陀羅。父母是溫和，有點笨，但仍能體量你的人，財略少。但你的財帛宮是紫微居廟，官祿宮是武相，做公職或大機構上班，薪水高，仍可過不錯的生活。

當福德宮在午宮有貪狼化忌時，你是癸年生、廉府坐命辰宮的人，你的

財帛宮有紫微居平、祿存。子女宮有擎羊。疾厄宮有天機居平、陀羅。官祿宮是武相。你是有一般生活財力的人，但肝腎不好，生子較難。也會生出身體有殘障或忤逆之子。目前試管嬰兒製作雖發達，但有此子女宮的人，天生的才華不佳，會教養出與自己作對的子女，相互成仇，嚴重的亦可能遭子女棄養、殺害，輕者亦不來往。故有此子女宮者應不生子，以免為害自己及社會。

貪狼化忌在寅、申宮入福德宮

當貪狼化忌在寅、申宮入福德宮時，你是**癸年生武府坐命的人**，你的頭腦不甚清楚，會有一些怪異轉彎的想法，和常人不一樣。你也是性格上孤獨，剛硬，有人際關係上的不順，也不懂如何抓住機會的人。

當福德宮在寅宮有貪狼化忌時，你的命宮是武府、祿存在子宮。你是份外小氣、孤獨的人。你的父母宮是太陽陷落、太陰居廟、擎羊。從小父母不全，或與父母分開，由別人帶大。兄弟宮是天同、陀羅。兄弟是溫和但笨的人，你自己命中的財多，獨立自主，三十五歲以後漸有成就。

當福德宮在申宮有貪狼化忌時，你的命宮在午宮是武府。你的遷移宮是七殺、祿存，這是『祿逢沖破』故財較少。你的疾厄宮有擎羊。僕役宮是天梁陷落、陀羅。所以你的身體常有傷災，健康不佳，有頭部疼痛及四肢發軟無力的情況，生子的能力也差，有時候也能生。朋友都是笨而沒有助力的人。所以你整個的人生格局比前者差多了，故錢也沒有前者多。

武曲、貪狼化忌入福德宮

當武曲、貪狼化忌入福德宮時，你是**癸年生，天府坐命巳、亥宮的人**。你天生對人際關係有特殊的看法，不喜歡麻煩別人，與人保持距離，因此你也失去很多機會，影響到賺錢的多寡。你的財帛宮是空宮，官祿宮是天相陷落，故工作職位不高，財運也不好了。有工作就有衣食。

福德宮在丑宮的人，你的福德宮有武曲、貪狼化忌、擎羊。你的命宮中有天府、陀羅。你本身是『刑財』格局的人，本身有頑固的，愚笨的思想，

你從不表達，也不擅於表達自己的想法，只把它深埋心中。你常看人都以壞人視之，和人保持距離。你天生的杞人憂天，多煩惱，又不切實際，所以影響到你賺錢、升官的機會。是故財窮、不富裕，有衣食溫飽而已。但家中有家產給你。

福德宮在未宮的人，你的遷移宮是紫殺、陀羅。財帛宮是擎羊。官祿宮是天相陷落。夫妻宮是廉貞、破軍化祿。福德宮是武曲、貪狼化忌。田宅宮是太陽居得地之位、巨門化權。你的錢財比前者更不順，在賺錢機會上爭鬥、競爭多。你外界的環境就是看起來不錯，但辛苦、爭鬥多，又有點笨和是非的環境。你的內心也是蠻會爭鬥的人，但天生機緣不好，賺錢不多而已，不過家中仍有家產給你，只是是非多，家中對你的控制也大。你的成就不大，只是一般小市民的生活、房地產也沒前者多。

紫微、貪狼化忌入福德宮

當紫微、貪狼化忌入福德宮時，你是**癸年生，天府坐丑、未宮的人**，你的人緣關係不好，易惹是非、麻煩。你也會有特殊的想法，做一些特別的事而惹人嫌。你也要小心被性侵害，那是一種桃花糾紛。

福德宮的紫微、貪狼化忌在卯宮時，你是天府、擎羊坐命丑宮的人。本命是『刑財』格局，故有遭人劫財、懦弱，無法自保的現象。你一生多煩惱、多是非，小心翼翼，但夫妻宮是武曲、破軍化祿、陀羅，內心是一個又笨又窮的世界，財不多，故總是想一些笨方法和笨事情，相互糾葛，身心疲累，你也是一個帶有陰險性格，會自找麻煩的人。

福德宮在酉宮有紫微、貪狼化忌時，你是癸年生，天府坐命未宮的人。你的遷移宮有廉殺羊。僕役宮有天梁居廟、祿存。官祿宮有天相、陀羅。所以你的環境不佳，要小心出外有車禍，死於外道。你對機會、機緣的敏感力不佳，且易招是非。你是保守、孤獨的人，但會有年長的朋友對你有利。你

的工作低微，賺錢能力不強。

廉貞、貪狼化忌入福德宮

當廉貞、貪狼化忌入福德宮時，你是**癸年生天府坐命卯、酉宮的人**。福德宮為財祿的源流，當福德宮有廉貞、貪狼化忌時，表示智力不佳，機會也不佳，且易招是非災禍。其人有低俗惡劣的想法，對人不友善，天生令人討厭，人緣非常不好，也要小心結不成婚，沒有正常的婚姻關係。

當福德宮在巳宮有廉貞、貪狼化忌時，你是癸年生，天府坐命卯宮的人。你的夫妻宮有紫破、擎羊、子女宮有天機、祿存。財帛宮是陀羅。這表示你的配偶運不好，你會喜歡長相還不錯，但陰險的情人或配偶，感情惡劣。同時你的內心也有不好的想法和念頭，導致你在錢財方面的不順利。你的財、福二宮形成『廉貪陀』帶化忌，你天生是個把錢財和邪淫桃花（不正常的男女關係）糾纏不清的人，也多惹是非麻煩。也讓自已手邊的錢財更窮，更不順。但你只要有工作就有飯吃。

當福德宮在亥宮有廉貞、貪狼化忌時，你是癸年生，命坐酉宮天府坐命的人。你的官祿宮是天相、擎羊，是『刑印』格局，你會在工作上掌不到權，工作低微，理財能力也不好，你的福德宮有『廉貪陀』帶化忌，你天生是個好色愛淫慾，喜歡搞色情是非，不顧廉恥的人，因此你的職務也不高，也升不上去。

貪狼與天空、地劫的刑運格局

貪狼與天空或是地劫同宮，或相照，同樣都是刑運的格局，貪狼和天空同宮，是運氣空了，和地劫同宮是運氣被劫走了。

但是貪狼也會因所坐宮位的旺弱，再和天空或地劫同宮時，也會產生被劫空的多寡層次的問題。還有貪狼和一個天空或一個地劫的刑運格局是被空茫、被劫運程度較輕的。倘若是在寅、申宮，天空、地劫是相對照的狀況，就完全劫光了運氣了。況且此時貪狼在寅、申宮是居平的，表示運氣已將近沒有了，氣若游絲，再有空、劫同對照互沖，更是空茫一片了。

在天空、地劫在巳、亥宮會同宮，這是子時和午時生的人所會遇到的。在巳、亥宮的貪狼是居陷的，和居陷的廉貞同宮，這本身已是最差的運氣了，也可說是完全沒有運氣，並且還惹人討厭。如果再有天空、地劫同宮，或是相照，四大皆空。這是沒有運氣中的沒有運氣，所以也根本不必考慮運氣的事了。反而是為所欲為，猖狂至極。

所以貪狼在辰、戌宮居廟時遇一個天空或地劫，多少還是有一點運氣的。只是看得到運氣，自己摸不到運氣，自己也撞不上運氣，必須靠別人幫忙才拿得到運氣。

貪狼在子、午宮居旺時，遇到一個天空或一個地劫，也還是有一點運氣的，但會比前者的運氣更微弱一點，這多半是本身思想上的思想方式很清高，或想得太美、不實際、幼稚，腦袋有問題所導致的。

為什麼會有這些狀況？因為天空星和地劫星是時系星，是根據人的出生時所排定的。

由對照表中我們可以發現，子時生的人，地劫、天空同宮在亥宮，再依次由亥宮開始，地劫是順時針方向依生時排列。天空則是逆時針方向依生時排列，兩星又在巳宮相逢同宮。

地劫、天空對照表

生時＼星名	地劫	天空
子	亥	亥
丑	子	戌
寅	丑	酉
卯	寅	申
辰	卯	未
巳	辰	午
午	巳	巳
未	午	辰
申	未	卯
酉	申	寅
戌	酉	丑
亥	戌	子

因此劫、空和貪狼再相逢的關係，不但會使運氣空劫，也會使人之另一項才能受到阻礙而逢空、逢劫。例如命宮是貪狼、天空在辰宮的人，福德宮就有廉相、地劫在午宮。這表示其人很聰明，有靈性，但思想上很清高，內心很清明，有很好的運氣，但常抓空，是眼界高，想法又高，不實際的狀況，

所以在他本命中就不一定是絕對聰明的，有一些福氣也會被劫掉了。此人在辰年的暴發運常不發，在戌年仍會暴發錢財。這就是在辰年是走貪狼、天空運是『刑運』格局所致，並且你在辰年這一年對運氣的掌握常是握空、抓空的，你好像看到了很好的運氣，也想把握它，但總是從指縫或身旁溜走，讓你不甚唏噓感慨。不過呢？你的遷移宮是武曲居廟，你還是生活在富裕環境中的人，只不過想再賺更大的錢財，是不太可能的事了。

貪狼、地劫、天空入命宮的刑運格局

貪狼、地劫在辰、戌宮入命宮

當貪狼、地劫在辰、戌宮入命宮時，你是被『劫運』劫得很凶的人。你的福德宮有廉相、天空，表示內心想享福，想不用頭腦來過生活的夢想成空，但你依然還會沉溺在夢中，你專做一些讓運氣被劫走的事。因為思想不實際，

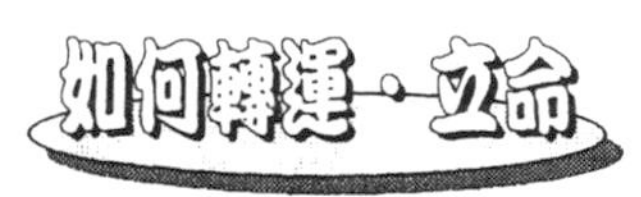

所以在『劫運』之年暴發運也不發，財會少了一大半。只有在武曲之流年，財運才會好。你常被人劫財，借錢不還。乙、辛年生的人要小心，若再有擎羊同宮，有短命之虞。此人也容易晚婚或不婚。

貪狼、天空、地劫在子、午宮入命宮

貪狼、天空在子、午宮入命宮，夫妻宮會有廉府、地劫，表示本命是『運空』的模式，內心是『劫財』的模式。**當命宮是貪狼、地劫**，本命是『劫運』，夫妻宮是廉府、天空，你是內心『財空』，想放棄，而刑運。這兩種狀況的人老是搞不清的時候，運氣就跑光了。接著就做了錯誤的決定，而漏財、耗財了。本來此人是極喜歡搞外交、人際關係的，往往就會有突發的意念而不想做人際關係了。此人也容易晚婚和不婚、害怕負責任，因此無法掌握運氣，人生是飄浮不定的。不過你的遷移宮是紫微，你的環境始終是高尚、美麗、富裕的，你更喜歡不切實際的美麗，對金錢沒有概念，也保不住錢。

貪狼、地劫或貪狼、天空在寅、申宮入命宮

當『貪狼、地劫』在寅、申宮入命宮時，你的遷移宮是廉貞、天空，表示你本命是『刑運』、『劫運』的格局，你的外在環境是爭鬥多，又常爭鬥到一半便不爭、不鬥了，也不知發生了什麼事情，你始終搞不清楚狀況，所以你也掌握不了運氣，你只是常感覺自己運氣不好，常被別人佔先機，搶走功勞。其實你自已本身也看不清運氣究竟在那裡。

當貪狼、天空在寅、申宮入命宮時，你的遷移宮是廉貞、地劫。環境中多陰險小人用計把好事劫走，有時你也根本看不見爭鬥，運氣就逢空了。這是你頭腦空空，思想不成熟，智慧完全不在這方面所致。

武貪、天空、地劫入命宮

當命宮是武貪、天空時，你的財帛宮是廉破、地劫。你本人特別是對財運頭腦空空，也掌握不好財力，總是想些似是而非、不實際的問題，影響自

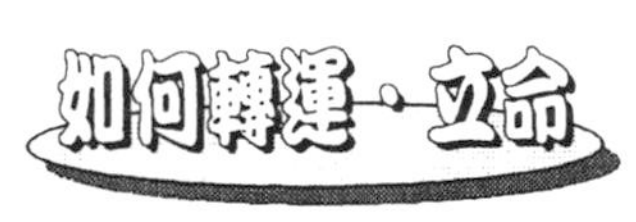

己的財運。你手邊的錢財被耗破，耗財得很厲害，你是有點窮困、不富裕的人，你只有努力打拚工作，會稍有衣食之祿。

當命宮是武貪、地劫時，你的財帛宮是廉破、天空。你是被『劫運』、『劫財』的人，思想上對財運特別自做聰明，常做一些讓人訝異的事情，讓自己手邊的錢財破耗空空。你只有努力工作，才能有溫飽。

紫貪、天空、地劫入命宮

當命宮是紫貪、天空時，你的官祿宮是廉殺、地劫。這表示你自命高尚、清高，所以在工作上沒成就，也會工作不長，常賦閒在家。同時也表示你腦袋比較笨，有不實際的想法，智慧和工作能力不佳。

當命宮是紫貪、地劫時，你的官祿宮是廉殺、天空，你本命是劫運的格局，你對運氣常無法掌握，在工作上也常白忙，很辛勞，但收穫不多，這也會影響到你所賺到的財祿少。

廉貪、天空、地劫入命宮

廉貪和天空、地劫四星同入命宮時，你是根本沒有運氣，還遭受劫空來刺激搗亂的人。你一生隨遇而安，環境空茫。遷移宮是空宮，凡是環境中有好的、壞的事，你都全接受，非常危險，最後總是壞的人、事、物容易留下陪伴你，好的人、事、物會離你遠去。是故你想向好、向善會很困難。你也不喜歡打拚努力，錢財如過眼雲煙。你也不一定會結婚。做軍警業或出家、學道都適合你，對你有利。

命宮是天空，遷移宮是武貪

命宮是天空，遷移宮是武貪來相照命宮的人，本命也是『運空』的格局，但在周圍環境中仍有財、有運。要出外才有財運。靜守家中則逢空。暴發運逢本命年不發。逢武貪的流年會發。你的財帛宮是天相、地劫。是『劫福』、『劫印』的格局，因此在掌握錢財上會沒有福氣，也沒有權力，以看人

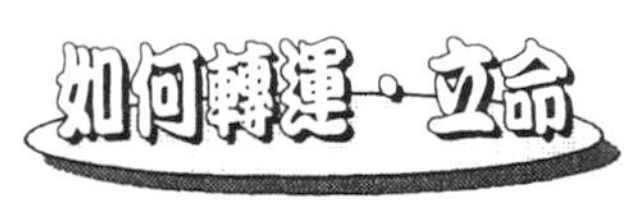

臉色、靠人發錢過日子。不過官祿宮是天府居得地位，仍可有固定工作及薪資可生活。

命宮是地劫，遷移宮是武貪

命宮是地劫，遷移宮是武貪時，是『劫運』格局，你的財帛宮是天相、天空。出外有財運，但你通常不愛動。暴發運在本命年不發，流年逢武貪會發。你在錢財上是『印空』、『福空』的人。因此財少，也管不到錢。做上班族，領薪水可有溫飽。

命宮是天空，遷移宮是紫貪

當命宮是天空、遷移宮是紫貪時，也是『運空』格局，官祿宮有天府、地劫。在工作方面是『劫財』的格局，因此此人一生財不多，升官不易，只會做一般小職員。但衣食無慮。

命宮是地劫，遷移宮是紫貪

當命宮是地劫，遷移宮是紫貪時，是『劫運』格局。官祿宮有天府、天空，是『財空』的格局。此人一生財不多，在工作上常是在一些財被搬空的地方、財不多的地方上班。收入不豐富，升官不易，沒有大成就，但也能安穩的，順應環境時局隨遇而安。有溫飽。

※命宮是天空或地劫坐命，有紫貪相照的人，雖也是『劫運』、『刑運』的格局，但對人的性格上有影響，其人能輔正桃花，變成正派的人緣桃花。

命宮是天空、地劫同坐命巳宮或亥宮，遷移宮有廉貪相照

當命宮是空劫同坐命巳宮或亥宮，有廉貪相照時，因遷移宮的廉貪雙星俱陷落，故外界環境極差，人緣不佳，惹人討厭。運氣已經沒有了。因此本命的天空、地劫就會掊取外在環境中的東西。但環境很差，多邪佞小人，多胡作非為之人，有樣學樣，故劫空坐命巳、亥宮的人，也不為善類了，他們

是根本沒機會學好。

貪狼、地劫、天空在夫妻宮的刑運格局

貪狼、天空在辰、戌宮為夫妻宮時，你是廉相、地劫坐命的人。你可能不結婚。你的內心就是『運空』的格局。命宮又是『劫印』、『劫福』的格局。所以你在心態上根本不實際，本身又有點懦弱，常有想放棄的思想。所以是做事不積極，用腦也不多的人。

貪狼、地劫在辰、戌宮為夫妻宮時，你是廉相、天空坐命的人。在你的內心也是一種『劫運』的格局，你頭腦清高，不愛爭，在爭鬥的環境中總是獨樹一幟。實際上你是『印空』、『福空』坐命的人。你根本抓不到權力，享不到福，所以運也被劫走了。這是思想層次的問題。你也可能晚婚、不婚，頭腦想不開。

貪狼、天空在子、午宮為夫妻宮時，你是武相坐命的人，你的財帛宮有

廉府、地劫。這是內心『運空』而使得被劫財。

貪狼、地劫在子、午宮為夫妻宮時，你也是武相坐命者，你的財帛宮有廉府、天空。這是內心被『劫運』，故也使『財空』的狀況。

因此，無論內心是『運空』或『劫運』的人，實際上都是因為內在思想上的問題，導致錢財留存不易，有減少、耗損，或賺錢不易。

貪狼、天空在寅、申宮為夫妻宮時，你是紫相坐命的人，你的官祿宮會有廉貞、地劫，內心是『運空』格局。官祿宮的廉貞是官星，和地劫同宮是『劫官』。因此你的智慧、企劃能力及官運被劫空沒有了。你也多半不會結婚，此種狀況比前幾種更不易結婚。在工作能力上也會差，升官不易，平淡一生。

貪狼、地劫在寅、申宮為夫妻宮時，你也是紫相坐命的人。你的官祿宮有廉貞、天空。夫妻宮是『劫運』。官祿宮是『官空』。一生事業運不容易開展，而容易凋落。升官不易，是由於內心窮困無運所致，頭腦空空，工作也會空空，能力不好。你也不易結婚。

武貪、地劫在夫妻宮時，你是天相坐命卯、酉宮的人。你的遷移宮會有

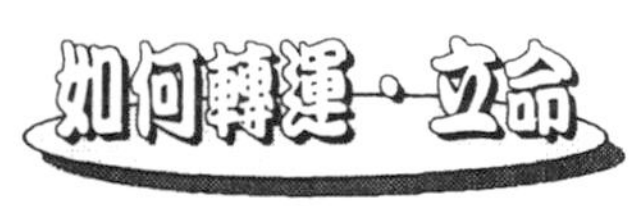

廉破、天空。表示你外在的環境是破爛又空無一物，無財的。這主要是因你內心中的思想被劫運和劫財了所導致的。因此環境和思想是互為因果循環的東西。

武貪、天空在夫妻宮時，你仍是天相坐命卯、酉宮的人。你的遷移宮是廉破、地劫。你的環境是破爛，還被劫財的，窮上加窮的環境。你的內心是財空、運空的模式。所以要看你財空、運空到什麼程度？武貪同宮是居廟位的，故不會完全劫空。只是會有不實際的想法會影響到賺錢取財的觀念而已，環境中不好，倒是比較嚴重的事了，再加上心態的不實際，自然是得財極少了。

紫貪、地劫在夫妻宮時，你是天相坐命巳、亥宮的人。你的福德宮有廉殺、天空。表示夫妻宮是劫運、刑運格局。同時也代表在天生的福運中也是空忙一場，奔波勞碌無獲的狀況。這主要是內心在人緣、機會上被劫空了，不想找機會，也和人稍有距離的關係所致，而賺錢較辛苦。

紫貪、天空在夫妻宮時，你的福德宮有廉殺、地劫。在你的內心是『運

空』的刑運格式，你也是在內心中感覺人緣、機會空茫，看不到人緣、機會，而導至辛苦賺錢，不易留存，容易被劫財劫走。

廉貪、天空、地劫同在夫妻宮時，你是天相坐命丑、未宮的人。你一定不會結婚了，會抱獨身主義，在你的內心中也是看空、看壞一切事情。你的人生是階段性。陽男陰女順時針方向行運的人，中年以後懶惰不工作。陰男、陽女逆時針方向行運的人，年輕時便無聊兮兮的不想工作了。你是一個好死不如賴活著的人。

貪狼、天空、地劫在財帛宮的刑運格局

貪狼、天空在辰、戌宮入財帛宮的人，是七殺坐命寅、申宮的人。夫妻宮有廉相、地劫。在手邊錢財上是『運空』的格式。主要在你的內心中，有『劫印』、『劫福』的心態。是內心想法和實際有差距，故掌握不住財運，拿不到財。

貪狼、地劫在辰、戌宮為財帛宮的人，也是七殺坐命寅、申宮的人，夫妻宮有廉相、天空。在你的內心中是『印空』、『福空』的格局，是故手邊的財運是『劫運』的模式。你根本不想掌握主財的權力和主財的福氣，所以運氣被劫走了，錢財也留不住、存不住，耗財多了。

貪狼、天空在子、午宮為財帛宮的人，你是七殺坐命辰、戌宮的人，你的遷移宮有廉府、地劫。在你手邊的錢財是『運空』的模式。而你的周遭環境是『劫財』、『刑財』的環境，自然財少，又不易賺到了。

貪狼、地劫在子、午宮為財帛宮的人，你也是七殺坐命辰、戌宮的人，你的遷移宮是廉府、天空。表示你的環境中是『財空』、『刑財』的環境。而在手邊錢財上又是『劫運』、『刑運』的格式。自然環境中沒有太多的財，手邊也不會有太好運氣能得到錢財了。

貪狼、天空在寅、申宮為財帛宮的人，你是七殺坐命子、午宮的人。你的福德宮會有廉貞、地劫，在天生福氣方面是『劫官』格局，會使你的智慧、企劃能力、工作能力變低，這是源頭不好，你也不會理財，升官不易。在手邊錢財方面是『運空』、『刑運』的格局，所以你常會收不到錢或拿不到錢，最好的辦法就是請人幫你理財和管錢、收錢了，你的配偶運很好，配偶就是最佳人選了。

貪狼、地劫在寅、申宮為財帛宮的人，你也是七殺坐命子、午宮的人。你的福德宮是廉貞、天空，是『官空』的格局，升官不易，也易有智慧、企劃能力、工作能力不足的現象。這也是源頭不好，不會理財。你的財帛宮是『劫運』現象，手邊賺錢的機會常被劫走。這是你根本看不出什麼是財運，因此賺不到錢。靠配偶的幫忙也可平順。

武曲、貪狼、天空在財帛宮時，你是紫殺坐命的人。你的官祿宮會有廉破、地劫。你的工作型態是愚笨、雜亂，原本是爭鬥型的型態，但有地劫時，會被劫掉了，所以爭鬥少、競爭少了，但財和運也少了。手邊錢財是財運略空的型式。錢財會少賺了。

武貪、地劫在財帛宮時，你是紫殺坐命的人，你的官祿宮會有廉破、天空。在你的工作中原本是愚笨、雜亂、爭鬥多、競爭強的型態，但有天空後，爭鬥和競爭少了。而你手邊的錢財正被劫運、劫財，所以你根本上是財留不住、賺不到很多的財。

紫貪、天空在財帛宮時，你是廉殺、地劫坐命的人。你本命是凶命，要小心命不長。你是思想脫俗、清高、不實際之人，根本不愛賺錢。手邊的錢財也是『運空』格局。你根本不想去賺錢，會放棄一些機會。

紫貪、地劫在財帛宮時，你是廉殺、天空坐命的人，也要小心命不長，你是思想清高，一切看空的人。在手邊錢財上是『劫運』的格局。賺錢的機會都被人劫走了。本身又不積極，是故賺錢不多，也不喜積蓄。

廉貪、地劫、天空四星同宮在財帛宮時，你是武殺坐命的人。你手邊窘困，根本沒錢。本命也財少，根本沒福氣，也沒智慧賺錢。有工作就有飯吃，因此努力工作吧！

貪狼、天空、地劫的『刑運』格局在遷移宮

貪狼、天空在辰、戌宮入遷移宮時，你是武曲正財星坐命的人。你的財帛宮有廉相、地劫。你的環境中是『運空』的格局，你看得到財，卻拿不到財，常讓運氣空跑掉了，令人扼腕慨嘆。你的財帛宮是『劫印』、『劫福』的格局，所以你也掌握不了財，理財能力不佳，而進財少了。

貪狼、地劫在辰、戌宮入遷移宮時，你還是武曲坐命的人。你的財帛宮有廉相、天空，環境中是『劫運』格局。財帛宮是『印空』、『福空』的格局。所以你仍然是看得到財，摸不到財，財又被人劫走了。你在錢財上很難掌權，福氣也沒那麼好，錢賺得很少了。

貪狼、天空在子、午宮入遷移宮時，你是紫微坐命的人。你的官祿宮有廉府、地劫，表示你的外在環境是『運空』。是故在工作上有『劫財』現象。環境中運氣沒有了，在事業上財也被劫走了，升官也不易，賺錢就不多了。

貪狼、地劫在子、午宮入遷移宮時，你仍是紫微坐命的人。你的官祿宮

有廉府、天空。表示你的環境是『劫運』的環境，環境中運氣被劫走、沒有了，在事業上，升官成空，財也成空，事業運不大好了，是故財少，運不好。

貪狼、天空在寅、申宮入遷移宮時，你是廉貞、地劫坐命的人。你的外在環境中是『運空』。本命中是『劫官』型式命格的人。而且地劫、天空是相對照的。所以你在思想上就是不實際，愛想一些沒有用處的方法來做事的人，你的智慧不合於現代職場上來用。你本來是善爭鬥、競爭力強的人，此時爭鬥和競爭力都不強。但是廉貞和地劫皆屬煞星，煞星坐命的人，仍有其性格上的陰險，和行為上的惡劣行徑，只是更會內斂，不表現出來而已。

貪狼、地劫在寅、申宮為遷移宮時，你是廉貞、天空坐命的人，你外在的環境為『劫運』格局。本命是『官空』的格局，你的智慧和企劃能力會脫俗、高超，不同於流俗和一般人，但不合用。你也會失去競爭力和爭鬥性，故升官不易。環境中的運氣又沒有了，故你一生會沉沉浮浮。

武貪、天空在遷移宮時，你是空宮坐命丑、未宮的人。你的福德宮是廉破、地劫。在你的環境中是『財運逢空』的景況。你天生是勞碌、破耗，無福可享，還被劫財。所以你會較窮，運氣也不好，你的暴發運也不發。你易入空門。

武貪、地劫在遷移宮時，你是空宮坐命丑、未宮的人。你的福德宮有廉破、天空，在你的環境中是『劫財』、『劫運』的情況，你的暴發運也不發。你是勞碌成空，白忙一場的人。易入空門。

紫貪、天空在遷移宮時，你是空宮坐命卯、酉宮的人。你的夫妻宮有廉殺、地劫，所以你的環境是『運空』的時候，同時你的心裡也是有凶悍、被劫財的現象，心態不好，環境中運氣也不來。

紫貪、地劫在遷移宮時，你是空空坐命卯、酉宮的人。你的夫妻宮是廉殺、天空。表示在你的內心中頑固、清高的，什麼都不要的心態，自然在環境中運氣都被別人劫走了。

廉貪、天空、地劫四星同宮在遷移宮時，你是空宮坐命巳、亥宮的人，你的外面環境就很差，很糟糕，而且四大皆空，你根本看不到有什麼運氣和機會，心態是灰色、下墜、沈下去的。只有宗教能撫慰你的心。是故你易遁入宗教，尋求心靈的庇護。

貪狼、天空、地劫入官祿宮的『刑運』格式

貪狼、天空在辰、戌宮入官祿宮時，你是破軍坐命子、午宮的人。你的遷移宮中有廉相、地劫。表示在你的環境中有『劫印』、『劫福』的格局，所以你掌不了權，享不到權力之福，會有點懦弱，不夠強勢、說話沒份量。在工作職位上又是『運空』的格式，好運逢空了，所以基本上你的人生架構已比別人缺失了很多機會和助力，是故你最多只有中等左右的普通凡人的生活層次。成就不高。

貪狼、地劫在辰、戌宮入官祿宮時，你是破軍坐命子、午宮的人，你的遷移宮中有廉相、天空，表示你的環境是『印空』、『福空』的環境。在工作能力和運氣上又是『劫運』的運氣。所以你掌不到權，做不了主。就連升官、升職，往上爬的運氣也被劫走了。所以你一生起伏飄蕩不安定，也存不

了錢，生活普通。

貪狼、天空在子、午宮入官祿宮時，你是破軍坐命寅、申宮的人，你的福德宮有廉府、地劫。表示你先天命中被『劫財』。而你在工作上又是『運空』的格局，兩者互為因果，故賺財少，工作時期不長，升不了官，做事不實際。也享受不到財祿。

貪狼、地劫在子、午宮入官祿宮時，你是破軍坐命寅、申宮的人。你的福德宮有廉府、天空。你在工作上是『劫運』格局。在先天思想與享受上是『財空』的格局。表示你的腦筋裡盡是使財變空，沒有財，財窮的思想，所以你也把握不住運氣，讓運氣被人劫走了。升不了官，做事做不長，起起伏伏，所以享用也不多。沒有財福可享用。

貪狼、天空在寅、申宮入官祿宮時，你是破軍坐命辰、戌宮的人。你的夫妻宮有廉貞、地劫。你很可能不結婚。廉貞是官星、計謀、智慧之星，因此在你的內心中是『劫官』的格局，這也表示你在營謀、智慧、企劃能力，以及工作上、升官上都是不行的。官祿宮又是『運空』的格局。天空、地劫相互對照，相互增加了力量，因此你在工作上的機會也顯著的少了。你不可輕易換工作，否則會長期失業。

貪狼、地劫在寅、申宮入官祿宮，你是破軍坐命辰、戌宮的人。你的夫妻宮有廉貞、天空。這表示你的內心中之智慧、營謀、企劃能力全都沒有了。你成了傻哈哈的人。在工作職務上又是『劫運』的格局，所以升官升不了。一切的事難成。也不易結婚。要堵這個空劫的破洞，就一定要結婚才能堵得住。事業運也才會長久一點。

武貪、天空入官祿宮時，你是廉破、地劫坐命的人。你適合做僧道、做空門之人或做宗教界之人士為吉。因為你本命就是官破空劫，喜歡為不實際的事情打拚。在工作上又是『運空』、『財空』的格式，所以你替宗教界募款做事倒是挺不錯的，但在俗世生活中較生活困難。也可能患有精神疾病。

武貪、地劫入官祿宮時，你是廉破、天空坐命的人。你也適合做宗教界之人士。在工作上是『劫運』、『劫財』的格局，升官不易，生活較困難。你是思想脫俗、不重現實的人。也可能患有精神疾病。

紫貪、天空入官祿宮時，你是武破坐命的人。你的財帛宮有廉殺、地劫。你在工作上是『運空』，在錢財上是劫財、耗財，賺錢不易，升官也不易，做事不長久，因此生活較困苦。只是一般小老百姓的生活。

廉貪、天空、地劫入官祿宮時，你是紫破坐命的人。你沒有工作，沒有智慧，也沒有婚姻。是一個遊手好閒的人，除了臉孔、長相還可以，幾乎沒有其他的長處。就連最低的工作也做不長。

貪狼、天空、地劫入福德宮的刑運格局

貪狼、天空在辰、戌宮入福德宮時，你是紫府坐命的人。你的官祿宮有廉相、地劫。你本來是個好貪的人，因此有打拚的原動力。但福德宮有『運空』格局之後，你不貪了，也不想爭了，故原動力也沒有了。另外還在工作上又有了『劫印』、『劫福』的格局，也不想當權做主。打拚能力再次失去。因此你只有一般普通人的生活，成就不高。

貪狼、地劫在辰、戌宮入福德宮時，你是紫府坐命的人。你的官祿宮有廉相、天空。你內心的貪心被劫走了，運氣也被劫走了，打拚的原動力也不強了。在工作上是『印空』、『福空』的格局，表示掌握權力的能力逢空，工作能力減低了，所以你的成就不高。

貪狼、天空在子、午宮入福德宮時，你是廉府、地劫坐命的人。在你的本命裡是『劫財』的命格。在內心智慧上及享用上是『運空』的格局。所以你本命的財少，享用不多和智慧偏低，這就是成就不高的原因。

貪狼、地劫在子、午宮入福德宮時，你是廉府、天空坐命的人。本命是『財空』的格局。智慧和享用又是『劫運』的格局。所以你本命財少，打拚能力又不足，也不想競爭了，運氣也跑了，所以享用也不多了。因此成就不高。

貪狼、天空在寅、申宮入福德宮時，你是武府坐命的人，你的官祿宮會有廉貞、地劫。在你財祿的源頭上是『運空』的格局，沒有好運在你實際手邊可運用的錢財，又是智慧偏低，營謀賺錢能力被劫走了，工作也會不長久。所以你的享用之財少。比其他武府坐命者少很多。

貪狼、地劫在寅、申宮入福德宮時，你是武府坐命的人。你的財帛宮是廉貞、天空。在你財祿的源頭上是『劫運』格局。財運、機會被人劫走了。在你手邊運用錢財的能力上、智慧上又逢空、不足。所以你得財享用得少了。比其他武府坐命者少很多。

武貪、天空入福德宮時，你是天府坐命巳、亥宮的人。你的夫妻宮是廉破、地劫。表示你不太會結婚。你的內心是具有脫俗，看破紅塵，偏向佛道，有灰色思想的境界。在天生的智慧及財福享用方面亦是有財空、運空的格局，所以你也多半投身宗教、寺廟之中工作。但你不一定會做和尚、尼姑，會帶髮修行。

武貪、地劫入福德宮時，你是天府坐命巳、亥宮的人。你的夫妻宮有廉破、天空。你也會不結婚，投身宗教、寺廟中工作，不一定會做和尚、尼姑，會帶髮修行。你的內心是不實際、超脫凡俗的。

紫貪、天空入福德宮時，你是天府坐命丑、未宮的人，你的遷移宮中有廉殺、地劫。表示你的環境是劫財的環境，賺錢不易。而你天生是『運空』的思想，不想競爭，思想清高，所以財福享受得少，生活沒有其他天府居廟坐命的人富裕。

紫貪、地劫入福德宮時，你是天府坐命丑、未宮的人。你的遷移宮中有廉殺、天空，表示你的環境中是財空的環境，賺錢不易。你在思想上、智慧上又逢『劫運』格局，也不想競爭，是故財福少，生活不富裕。

廉貪、地劫、天空同宮入福德宮時，你是天府坐命卯、酉宮的人。你的財帛宮是空宮。這表示你的財福根本是在最差之位。全被劫空了，可能還成負數成長，你是會窮困還欠債的狀況。信宗教、入佛道，可平順。不然你也是依靠他人生活的人。你的福運差，小心短命。

第三章 天機星的刑運格局

第一節 天機星的本質

天機星基本上也算運星之一。天機星的動感是和貪狼不一樣的。貪狼是橫向、平面式、左右前後的快速穿梭運動而尋找好運。而天機星是上下、直立式的快速穿梭運動，天機星有起伏升降的特性，它不會主動去尋找好運。只會帶動運氣升高或不降而已。天機的旺度居廟位最旺時，是往上升的，而且有不斷往上升的內含意義。而天機居陷時是往下掉落的，至最低點，到谷底了，還有不斷往下墜落的趨勢，彷彿落入無底的深淵般。中間的層次，有天機居旺，天機居得地之位（剛合格有六十分），天機居平（已經停滯，還有向下滑的趨勢）。

天機居旺：運氣情勢有好的變化，指數曲線往上走。愈來愈好。

天機居得地之位，運氣情勢的變化在上、下起伏之間，是中等的運氣，要看同宮的星是居旺，還是居平？例如在寅宮和居旺的太陰同宮，此運氣是即將上升的，向有財利的方向靠近。倘若天機在申宮和居平的太陰同宮，表示此時的運氣變化是往下、往壞處移動變化，已達了合格的標準線之下了，此時則利少了，一切的不順利增多了。只是剛要轉壞而已。

天機居平：運氣情勢已經更低落了，離好運遠了，漸漸落入谷底，回升比較困難，但還沒至谷底。

天機陷落：運氣已落至谷底，彷彿落入無底洞，還繼續墜落。

天機也代表聰明度，它是可靠人的聰明來扭轉乾坤的。但是天機居廟、居旺的聰明度高，較可扭轉、逆轉情勢。在寅宮的天機居得地之位，因為有居旺的太陰也會聰明度高一點，但在申宮的天機就不一定有扭轉局勢的能力了，因為受居平太陰的拖累，聰明度會拉至合格程度之下了，能力變得不強了。

另外，**化權、化祿、化科對天機運星有層次不同、階級不同的加分作用。化忌對天機運星有減分作用**。這也要看天機的旺度的高低，及再遇化星為何而定。

例如天機居廟化權，在子、午宮出現或在卯酉宮出現，所代表的意義也不一樣，但同樣都是情勢往極佳的、最高層旺運變化，而且情勢大好，是可控制，有主導權向上推送，可達到目的的變化運氣。這種運氣層次在算流年、流月時特別好用，也可用來推算時間、制敵致勝。

天機化權在子、午宮出現時，天機是獨坐居廟帶化權的，運氣層次最高，可由敗部迅速復活。它也是帶有極高度的聰明度，能突發奇想，克敵致勝，轉敗為勝，具有主控的力量，有主導權、強硬、強勢的站上最有利的位置，但有多是非、多爭議、人緣不佳。這是丙年生的人命盤中特有的特質，其他年份生的人則沒有。例如謝長廷在虎年流月中，即是靠此在午宮的天機化權，在詭譎多變的選戰中出線，選上高雄市長的。天機居廟化權有運勢在時間點上強力要變，和突發的特質，也是創造反敗為勝奇蹟的時刻。

天機在卯、酉宮帶化權時，仍是居廟位帶化權，但與居廟的巨門同宮。此時機巨同宮的天機化權的內含意義就多了，例如在智慧上的意義是：特別具有高度智慧，頭腦聰明，具有高知識水準，學歷好、讀書好、口才特佳，但有好爭辯，帶孤剋，人緣不佳的特性，因為和巨門同宮，巨門就是隔角煞，故有孤剋、人緣不佳的情形。而天機化權在機巨這一組星曜中，顯得特別突出的是聰明機智和掌控力、權力結構的部份，和掌握變化，把變化推向最好、致勝的、頂部的位置地位。因此：

天機化權、巨門在時間上的意義就是：利用是非或糾紛，掌握了致勝的先機，用強勢的主導力量，使情勢變化到對自己最有利的地位，把自己推上最高峰，佔據了勝利的、最高的位置。而且這個運氣還不斷的往上衝，還會更高漲、更好，並且可利用口才、話鋒犀利、引起爭端而致勝，故是個吵架都會贏的時間。

此外，化祿所代表的力量沒有化權大，化科的力量沒有化祿大，化忌的力量是變壞的，反方向的力量，是惡質低劣的情況，是不能和權、祿來相比擬的了。

無論這些帶有權、祿、科、忌的星曜，也要看其本身的旺弱，才能定出其帶有權、祿、科、忌的旺弱出來，下面就是天機星這顆帶有權、祿、忌等化星的旺度居次表。

星名及旺度	層級	
天機居廟化權	1.最高	第一級
天機居廟化祿	2.次高	
天機居旺化權	3.	
天機居旺化祿	4.	
天機居廟化科	5.	
天機居廟	1.最高	第二級
天機居得地化權	2.次高	
天機居旺化科	3.	
天機居得地化祿	4.	
天機居旺	5.	
天機居得地化科	1.最高	第三級
天機居平化權	2.次高	
天機居平化祿	3.	
天機居平化科	4.	
天機居平化祿	5.	
天機居平	1.最高	第四級
天機居陷化權	2.次高	
天機居陷化祿	3.	
天機居陷化科	4.	
天機居廟化忌	5.	
天機居旺化忌	1.最高	第五級
天機居得地化忌	2.次高	
天機居陷	3.	
天機居平化忌	4.	
天機居陷化忌	5.	

由上列的表中，你也可看出，縱使是天機居廟帶化忌，也是高於第五級中的層次的。因為天機是居廟的關係，運氣仍很旺，但帶有是非災禍的忌星，所以它是在搖擺之間，壞的事情有很多，但不是最壞的情況。它是聰明度最高的使壞狀況。也就是聰明人做壞事的狀況。這和天機陷落又帶化忌，是笨人又做壞事，是不可同日而語的。

如何創造事業運

第二節　天機星刑運的格局

現在，我們討論天機星的刑運格局，主要是在討論天機星在時間上的特性。事實上，天機居平、居陷已經算是刑運格局了。因為天機居平，實際上是運氣往下落，快接近谷底了，天機陷落就是谷底的運氣。而是兩者都有繼續變壞、留滯不動的趨勢。這種不好的運氣，就是刑剋運氣，稱之『刑運』了。

在天機星的『刑運』格局中，天機加擎羊、陀羅、火、鈴、劫空是『刑運』格局，天機帶化忌也是『刑運』格局。每種逐一不同，而且不但要看主星天機的旺弱，也要看刑星的旺弱及在何宮位，更要看同宮的其他的星曜的旺弱，才能一起來定運氣的等級、層次。所以這是很複雜的計算方式。但在複雜中也會有脈絡可尋，運氣的好壞也就容易制別出來了。而且天機星是斷定及掌握時間變化，有沒有轉機的星曜。倘若你的命盤中有天機居廟、居旺，或是更帶化權、化祿，那就要恭喜你了，因為你會有很多可資利用、有強勢可獲得轉機的機會，要好好把握啊！如果利用得好，你很快就會有人生的高峰出現。利用不好，錯過了，那是非常可惜的事。那真是入寶山而空回了。

天機、擎羊的刑運格局

天機是善宿、是溫和、聰明、精明、多計較，勤勢謹慎。代表手足，又為延年益壽之文星。而擎羊是刑星、主凶厄，又稱夭壽。主刑剋，為刑罰之宿，是性格剛暴、霸道、固執、衝動、愛計較，有理講不清、敏感，乾脆、善妒、記恨心強，會由愛生恨而報負人。

當天機和擎羊同宮時，必在子、午、卯、酉、辰、戌、丑、未宮等八個宮位形成。

在子、午宮都是天機居廟獨坐而擎羊居陷的。天機五行屬木，是文星，很怕擎羊來剋。此時擎羊又居陷，『刑運』的力道很凶猛。幾乎擎羊的凶惡是蓋過了天機的特質。因此當人走這個運程時，一定是多奸謀，有血光，心胸狹小，多計較，愛報復人，損人不利己的。也會因為衝動、好爭，爭不過，而玉石俱焚再所不惜。雖然天機處於廟位有轉變向好的趨勢，但往往由於擎羊的嫉妒和衝動的報復心態而做了蠢事，讓原本要變好的情況反而失去了轉機是失控了。

天機在卯、酉宮和擎羊同宮時，事實上是居旺的天機和居廟的巨門，和居陷的擎羊三星同宮的狀況，機巨的意義本來代表高智識水準。也代表因好爭或是非糾紛的發生而產生變化，但會贏。有陷落的擎羊同宮時，問題嚴重了，原本吵吵鬧鬧、會贏的是非口舌，有刑星的加入反倒形成對自己不利的狀況了，贏不了了。所以擎羊是凶惡的星，刑來刑去卻刑剋到自己，反而對自己不利，它的箭頭不朝外，而朝向自己本身。

天機在辰、戌宮居平，是和居廟的天梁同宮。這表示聰明是有的，精明度卻不高，完全靠天梁這顆蔭星庇佑，有一點口才和謀略，但因為天機居平所代表的小聰明主使，因此機梁同宮時，聒噪愛講話，也愛出主意，但多不負責任。再有擎羊同宮，此時擎羊是居廟位的。此時就真結合了刑星的惡質，會奸謀頻設，用小計謀來算計人，而做不道德的事了。

在機梁、擎羊所代表的時間點上，因天機本身居平，動感已經不佳，要變好，使運氣往上升也無力，居廟的擎羊也不會帶來好運，所以凶悍的程度變高，阻止了往吉方的變化。

事實上，機梁都是溫和的星，也都怕刑星來刑剋，一有刑剋，全部不吉了。會是個碰到帶有奸詐、言不由衷、油滑，頻頻有小動作使壞的人的時間。你若用此時間來做事，會繞遠路，不順利，不容易成功。因為機梁、羊同宮，不但是刑剋天機這顆運星，使運氣不好，滯留不前。也『刑蔭』（天梁是蔭星），表示無貴人相助。所以都不順利。

天機在丑、未宮是落陷的，本身已不夠聰明了，但有小聰明，而且是自做聰明。而在別人眼中是笨的。此時天機陷落已算是『刑運』了。若又和擎羊同宮，擎羊在丑、未宮是居廟的。擎羊的力量高過於落陷的天機。這就完全受擎羊掌控了。所以這是已面臨谷底的運氣，很慘了，又遭逢羊刃的刑剋。這代表在這個低落的時間內，運氣極壞，還帶有血光傷災和其他方面的災禍。

例如倒閉、病厄、失職、官非、坐牢等等。這運氣已是最低層次的了。但如果死過一次，又活過來的人。例如逢此運遇到傷災，如車禍傷災又救回來一命的人，就會有後福。這就是大難不死必有後福了。

※當命盤中有天機、擎羊的人，在走這個運程時，有重大血光可成為人生的轉捩點。運氣也可轉變，轉危為安。

天機、陀羅的刑運格局

天機是聰明、狡黠、速度快的星曜。陀羅就是陀螺，會原地打轉，轉不出它的中心點。它的意義又代表笨的思想、緩慢的動作，拖拖拉拉不乾脆。在時間上有拖延之態。這兩顆星同宮的時候，天機就被陀羅牽扯住，速度就變慢了。故在人的思想方面的表現就是笨的表現了。

陀羅是忌星，主是非、耐磨。心事和奸險的陰謀藏心底，不表現出來，天機因為要變動，本身也帶有是非的因子。再加陀羅時，是非更凶，是正事做不成，而小奸小詐層出不窮。所以『天機、陀羅』的『刑運』格局，所造成的後果就是運氣被拖延、磨平了，變成沒運氣了，人也變笨了，沒有改變的機智和聰明了。它所代表的時間也是拖拖拉拉，變不起來，是停滯的狀況。

『天機、陀羅』的『刑運』格局，會在寅、申、巳、亥、丑、未等宮出現。

天機、陀羅在寅、申宮出現時，有太陰同宮。在寅宮，天機居得地之位、太陰居旺、陀羅居陷，在這個時間運程中，因有財星居旺的關係，相對的拉抬了運氣。

在寅宮的『機陰、陀羅』的時間，代表著兩股運氣在互相拉扯，一股是愈變愈好，能得財的。一般運氣是向下拉扯，並帶有是非災禍的。兩股運氣扭在一塊時，是中高的運氣帶有雜亂、是非、磨人的氣息，也有點會向下滑落的現象。也是好中有壞的情況。倘若要預測財運，則是在變化中財有一些，但也正在耗財、耗弱中，正在走下坡，不能算是完全好的運氣。

在申宮的『機陰、陀羅』同宮時，因天機居得地之位（剛合格），而太陰居平，陀羅居陷。這是錢財有變化，變少，又更逢磨耗，因此是愈變愈窮的狀況。

天機、陀羅在巳、亥宮同宮時，天機是居平的、陀羅居陷的。天機居平時，速度、行動已經很慢，不愛動了，再加上陀羅居陷，更限制了天機的活動力和聰明度。所以這根本是個笨運。最好不要變，倘若勉強變，或自作聰明的要變，就一定會做笨事。徒勞無功，還耗財。『刑運』的情勢很明顯了。

天機、陀羅在丑、未宮同宮時，天機是落陷的，陀羅是居廟。陀羅的力量較強。天機居陷也是笨運，但有小聰明。有陀羅同宮，更增加固執，不肯改變。因為天機居陷時，活動力差，陀羅也是原地打轉，故固步自封，轉不出去。這個時間所代表的運氣是在谷底盤旋，一直無法改變或跳脫出來。也會帶有是非、傷災等災禍。

天機、火星、鈴星的刑運格局

天機和火星，或天機和鈴星的刑運格局。基本上不像天機逢羊、陀那麼嚴重。但是天機仍然是怕火、鈴的刑剋。

天機星原本就帶有急躁，三分鐘熱度，有是非等因素。火、鈴會更增加天機的速度感，使其運動的頻率變亂掉，因此天機和火、鈴同宮的『刑運』格局，就表示在變化中有突發事件，因急躁而遭災。倘若人有天機、火星的命格，表示其人太性急、火爆，而惹是非、災禍。在時間中的運氣上，代表此時是速度感太快，而且方向感不確定，亂竄，像無頭蒼蠅一樣，會遭致傷災、車禍或意外事件的發生。

天機、鈴星同宮的格局，也是因急躁、快速，而導致車禍、傷災、血光，有多重意外事件併發。

天機和火、鈴一同居廟時，情況較不嚴重。火、鈴居陷、天機居廟時，例如在子宮，在車禍血光方面會嚴重，但有在事件衝突上有轉機。若是天機居平、居陷，火、鈴也居平、居陷同宮時，例如同宮在寅宮，車禍、血光，和衝突事件上皆是很嚴重的。

天機、地劫、天空的刑運格局

天機和地劫的刑運格局稱之為『劫運』。是轉機被劫掉了，聰明度也被劫掉了，因此就性情空茫，表面上看起來是很聰明的、靈巧的，但是卻是頭腦空空，沒有內含的。

天機和天空的刑運格局，稱之為『運空』，向上轉變起伏的運氣成泡影成空了。表面也是看起來很聰明、靈巧，但是也是頭腦空空，機運和內含都不足的。

天機居廟、居旺逢一個天空時，是另一方面不實際的聰明，例如在讀書的時候，不喜歡唸正經書，喜歡看小說、看雜書。又例如在工作、賺錢的時候，自命清高，不為五斗米折腰的人。這是另類的聰明，但無運。

天機居廟、居旺逢一個地劫或天空時，也是另類的聰明，不務正業，向上變好的運氣又被劫走了，轉變的機運少了，只留下不實際的腦袋。在寅、申宮的機陰和一個天空或地劫同宮時，對宮一定有另一個地劫或天空在對宮相對照。此時本來是中等會轉變的機運全都被劫空了，財也空了。所以是空空如野的狀況。若是在人命中，其人也不甚聰明，不實際、愛幻想的狀況更嚴重。在時間點上，也沒有任何變化的轉機。

天機居平在巳、亥宮，遇地劫、天空時，是同時和地劫、天空二顆星同宮的。此時聰明、智慧度已很低了，再逢空劫，也是兩袖清風，空無一物。在時間點上，運氣是極低，而窒伏不動的。不過戊年生的人，又生在子時或午時的人，有天機化忌、地劫、天空同宮時是還算好的，因為地劫、天空有制化化忌的功能。但如果是『羊陀夾忌』的惡格，又逢劫空，那這一年就是『半空折翅』有性命之災，命不保矣了。此宮中若有祿存是『祿逢沖破』，有祿存也不吉，正是『羊陀夾忌』之惡格了。

天機在丑、未宮落陷再遇一個地劫、或天空時，是運氣在谷底又逢空、劫，本來運氣就沒有了，再空、再劫，也還是沒有，是故再壞也沒多壞了，但另一個天空或地劫是會和天同同宮，是劫福和福空。沒有運氣自然無福了。

天機化忌的刑運格局

天機星帶化忌時，就真的是『刑運』格局了。這是戊年生的人會遇到的。天機不論旺弱逢化忌，都帶有是非、災禍的產生。天機居廟、居旺帶化忌時，運氣是往上升，向上變化，但仍帶有是非、口舌、災禍、糾紛。而且運氣行進的曲線是起起伏伏不穩定、坷坷絆絆的，也很難達到高點。中途就會栽下來了。

天機、太陰在寅、申宮有天機化忌時，同時有太陰化權同宮。這是『權忌相逢』的格式，普通命理上以雙忌論。但是在寅宮，因太陰是居旺的、帶化權，財仍然有不少。只是運氣變化是壞的，帶有是非災禍的，也可能要破財的。在時間點上，則代表有思想上的衝突發生，你會自做聰明，用奇怪、怪異的、超乎尋常的方法來做事，雖然也能得一些財，但是運氣還是不順利，會有是非、糾紛、災禍同在。

天機化忌、太陰化權在申宮，因太陰居平帶化權，不強。因此在時間點上由天機化忌來主宰。是運氣產生多是非、糾紛的變化，腦筋不清楚，但強勢要做主掌財，但財少，也抓不了權、做不了主，是非、糾紛、災禍更嚴重。

天機居平在巳、亥宮帶化忌，無論在巳宮或亥宮都會形成『羊陀夾忌』的惡格，此年此運有性命之憂和災禍。尤其要小心大運、流年、流月、流日、流時之三重逢合，以防有災、傷害性命。

天機在丑、未宮居陷帶化忌，天機居陷，運氣極差在谷底了，還好似無限的落入無底洞，再有化忌、是非、糾紛、災禍愈烈，沒完沒了，只有忍耐，等過了這個時間，才能有喘息的機會。

第四章 『刑印』格局對人生的影響

所謂的『刑印』，就是天相印星和煞星同宮稱之。天相也是福星，因此『刑印』時，也『刑福』。

『印』代表權力的意思。『刑印』就是失去權力、失去主控力量。有『刑運』格局在命宮、夫妻宮、遷移宮、福德宮的人，多半生性懦弱，硬不起來，像受氣包、小媳婦似的性格。有『刑印』格局在財帛宮的人，無法管錢，不會理財。有『刑印』在官祿宮的人，無法掌權、升職，做事能力不佳。因此『刑印』在『命、財、官』三合宮位中出現，都是讓人沒有成就、能力差的。

『刑印』在六親宮出現時，**在父母宮**，父母管不住你，父母無權，你根本不聽他們的話。父母是懦弱怕事的人，你比較強悍、有主見。**在兄弟宮**，兄弟是懦弱、能力不佳的人，你與他們不和。**在夫妻宮**，配偶是懦弱無能之人，你也不聽他的話，相處有隔閡，難溝通。**在子女宮**，子女是懦弱不聽話的人，也難管教。**在僕役宮**，朋友是懦弱、不良、陰險之人，難有助力。

在『刑印』格局中主要以『天相和擎羊』為正牌『刑印』格局。『天相和陀羅』會使福星笨和慢，又拖拖拉拉。因天相本來就是態度緩慢的福星，表面看來聰明度也不如天機、貪狼等星強或高，所以和陀羅同宮時，倒也協調，只是更笨、更慢、更拖拖拉拉，事情還是會做好，只是時間上配合不好，即使暫時失去主控力、權力也不在乎，情況倒沒有『天相和擎羊』的『刑運』格局沖擊那麼大了。所以『天相和陀羅』同宮，多半以『刑福』為主。

天相和火星同宮，或和鈴星同宮，也以『刑福』論之。因為火、鈴是急躁勇猛、易出傷災、車禍、血光之事。天相是慢星，速度快慢不一致，因此刑福。

天相無論和地劫同宮，或是和天空同宮，亦或是在巳、亥宮和劫、空一起同宮，都稱做『刑福』，但也會『刑印』，掌不到實權。

有『刑印』和『刑福』格局時，人就會少了一種福氣，也少了一種權力能力，在人生的過程中是比較辛苦，做事做不成，事事多阻礙，成就也會打折扣的。

『刑印』格局在命宮的人，生性懦弱，在外面像一條蟲，在家裡嚕里嚕囌，愛管事又管不好，想爭權又爭不到，心中氣悶，很難消。他們常會一時衝動而犯下大錯，陷自己於危難之中。其人也沒有升官運，升職很慢。**當天相、擎羊在丑、未宮入命的人**，最易衝動，因擎羊居廟的關係，他們的身宮很容易落入夫妻宮，會愛人愛得辛苦，常因愛人變心，而殺害對方。因為夫妻宮剛好是廉貪陀，『風流彩杖』格，所以會因色情之事，自毀前程。

天相、擎羊在卯、酉宮入命宮的人，夫妻宮是武貪陀，配偶比較笨，性格剛直，會賺錢養他。只是他福氣淺、愛操勞，但也一事無成。

廉相羊坐命的人，性格更懦弱了。他會用其他的，另一種方式來競爭，例如讀書讀得好，拚命做事等等，但本身掌不到權力，無法進入權力核心的位置。其夫妻宮又是貪狼、陀羅，表示內心就是『刑運』格局，根本弄不清什麼是真正的運氣?只會苦拚,所以先天上機運就不佳,再加上身體也不好,持續力不足,因此成功的機會差,也『刑福』了。

紫相、羊坐命的人,也是『刑印』格局的人,也好爭,是在權力上爭,但爭不到,升官也不行,其人性格較悶、放不開,內心較陰險,強悍。夫妻宮是貪狼居平加陀羅。其人會用一些笨方法來做事,內心也是一種『刑運』的格局,也搞不清楚狀況,進不了權力的核心,因此成功的機運、升官的機運都沒有了,也掌握不了權力。

由此可見,命格中有『刑印』格局時,一定有『刑運』的格局在其人的思想之中,在其人的內心之中。『刑印』是因。『刑運』是果,因此很容易弄清楚自己為什麼運不好了。

天相如果和擎羊在對宮相照,雖也會相刑,但不嚴重。仍以同宮為正牌的『刑印』格局。『刑運』格局的看法也是如此的。

第五章 『刑蔭』格局對人生的影響

所謂的『刑蔭』，指的是天梁和擎羊同宮的格式。天梁是蔭星，擎羊是刑星，天梁、擎羊同宮『刑蔭』時，會沒有貴人運。或是貴人變壞了，不輔助，反而有傷剋，成為凶煞。同時這時候老天也不保佑的情況，有了凶神在座，是不吉反凶的徵兆。

『刑蔭』在父母宮，是和父母刑剋，和父母及長輩、上司無緣，父母、長輩、上司對你很凶，非但不照顧你，反而加害於你。你像受傷的幼苗，成長期很坎坷。在一生中都難有貴人相助，難有長輩、上司的助益，因此沒有升官運。考試運也很差。在祖先傳承而來的智慧上很薄弱。而且父母之中有早亡者，父母不全，存活的父母之一，又對你很凶，受到的照顧不佳，也影響你一生的成就。你會早早離家自立。凡是比你年紀大的人都對你不好。你

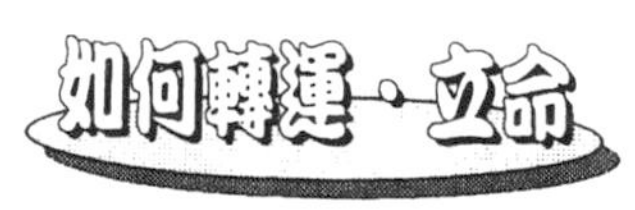

只有平輩運了。但兄弟宮會有陀羅出現，兄弟少、又笨，和你也不一定和睦，所以你是六親無靠的人。

『刑蔭』，有兩種『刑蔭』格局。

一種是天梁在巳、亥、申宮居陷的『刑蔭』格局。

一種是天梁居廟、居旺、居得地、加擎羊的『刑蔭』格局。

天梁居陷的『刑蔭』格局在命宮

天梁居陷入命的人，幼時，常因家中兄弟姐妹多，或父母忙碌，無法得到照顧，在兄弟姐妹中打混過日子長大。從小被人照顧得少，自己也不會照顧別人。性格雖溫和，但是得過且過的形態，沒有奮發力，也不喜別人管，更不喜歡別人過度的關心，和父母、長輩、老人的緣份差。很難和父母、上司、長輩溝通，因此得到的蔭庇也少。他們多半也沒有宗教觀念，容易人云亦云，一生成就不高。

天梁、擎羊的刑蔭格局在命宮

天梁、擎羊在子、午、丑、未宮入命的『刑蔭』之人。會比較奸詐，因為天梁在子、午宮居廟，在丑、未宮居旺，具機謀，有謀略。擎羊在子、午宮居陷。在丑、未宮居廟。

因此天梁、擎羊在子、午宮坐命者，是更形奸詐、不仁，甚至天梁和擎羊在子、午宮相照的『刑蔭』命格的人，也有此特質。但情況不同的是天梁、擎羊同宮入命的人，沒有蔭庇，沒有貴人運，也無法得到貴人的提拔，考試、升等的機會少。而天梁、擎羊相照的人，還是會有蔭庇，有貴人運，能得到提拔。例如前總統李登輝先生是天梁化祿坐命午宮的人，遷移宮有太陽陷落、擎羊，就仍能受到前總統蔣經國的提拔扶植為繼承人。倘若天梁與擎羊同宮便無此可能了。

天梁、擎羊在丑、未宮入命宮的人，是和祖先有刑剋的人。身體一定不好，有腎臟、肝臟的問題。天梁屬土，又在土宮受刑剋，在八字中一定是有木剋土吸水，缺水所致，故腎不好。五臟六腑有連帶關係，腎不好、肝一定不好。此命格的人，喜煩惱，其夫妻宮一定有陀羅、巨門。表示內心多是非、不平靜，因此愛傷腦筋，無福。是想得太多，帶奸之人。反而刑剋到自己的身體上了。而他的遷移宮是天機陷落，環境是愈變愈為無底洞，是直直落的環境，因此他更放不開心胸，困坐愁城，無參試、升官等運氣。一生身心皆忙，無福可享了。

機梁、擎羊入命宮的人，是陰險宵小之輩，會做坑矇拐騙之事，不行正道。其實智慧不高，他專騙比他智慧低、經驗差的人，因為專會騙人，無論誰都騙，自然沒有貴人運了。他的夫妻宮是太陽、巨門、陀羅，內心是雙重是非之地，就是靠是非的思想來謀生存的人。

陽梁、擎羊入命宮的人，也是陰險、成就不高、沒有貴人運的人。

在卯宮，陽梁居廟、擎羊居陷，原本有很好的貴人運的，但因自己錯誤、多疑、陰險的想法，把貴人運、蔭庇的運氣阻礙了，非常可惜。在酉宮，太陽居平，天梁居得地之位，擎羊居陷，貴人運更少了，又被剋害，根本完全失去了。只留下奸詐、煩惱的心思。

同梁在寅宮，不會和擎羊同宮，只會和陀羅同宮。天同、天梁在寅宮時，天同居平、天梁是居廟的，縱使有陀羅同宮，也不會傷害貴人運。貴人運很旺。故不是『刑蔭』格局。

同梁在申宮，天梁居陷，本身已是『刑蔭』格局了，又因為天同居旺其人會很懶，又沒有貴人運和蔭庇。有陀羅同宮入命宮時，其人的福德宮是太陽陷落、擎羊。表示其人較笨、又懶，內心又有刑剋，是自找麻煩。心境不開朗的人。天生沒有貴人運，喜歡躲在人後，並受制於人，一生沒有發展。此人容易入獄及自殺。

『刑蔭』格局在人命盤中，是人生的助力受到阻礙，會影響人的不順。以『刑蔭』在命、遷，夫、福，為最嚴重，若在財、官二位，也會影響到人一生的成就和享用。在六親宮，則影響到六親的助力和情緣。流年、大運等逢到，也要小心無好運，無考試、升官等運氣，及早防備要緊。

好運隨你飆

每一個人都希望事業能掌握好運而功成名就
你知道如何能得到『貴人運』、『交友運』、
『暴發運』、『金錢運』、『事業運』、
『偏財運』、『桃花運』嗎？
一切的好運其實只在於一個『時間』的問題
能掌握命運中的『旺運時間』
就能掌握一切的好運，要風得風，要雨得雨
好運隨你飆——便一點也不是難事了！
『好運隨你飆』——
是法雲居士繼『如何掌握旺運過一生』一書後，
再次向你解盤運氣掌握的重點，
讓你更準確的掌握命運！

紫微幫你找工作

『男怕入錯行，女怕嫁錯郎』。
現在的人都怕入錯行。
你目前的職業是否真是適合你的行業？
入了這一行，為何不賺錢？
你要到何時才會有自己滿意的收入？
法雲居士用紫微命理幫你找出發財、升官之路，並且告訴你何時是你事業上的高峰期，
要怎麼做才會找到自己有興趣的工作？
要怎樣做才能讓工作一帆風順、青雲直上，沒有波折？
『紫微幫你找工作』就是這麼一本處處為你著想，為你打算、幫助你思考的一本書。

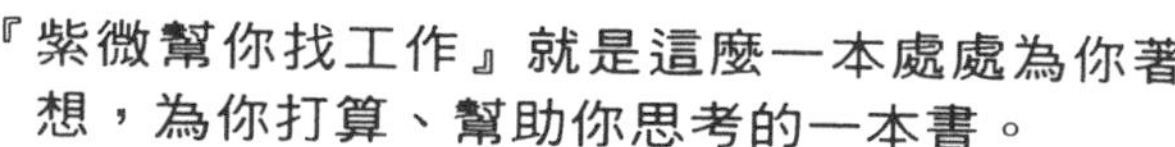

第六章 『刑福』格局對人的影響

『刑福』格局是指福星受刑剋。天同是福星，天相也是福星。但主福的內含不一樣。

天同是自然而然，屬於天然形成福力的福星。天同也是小孩星，其有溫和、幼稚的心態。也主愛享福、懶惰。幼年、少年能得到父母長輩的照顧，老年可安享。

天同是溫和文弱的星，最怕羊、陀、火、鈴來刑剋沖撞。

天同、擎羊同宮是『刑福』最凶的格局。代表心身皆勞碌，有傷災、破相，無福消受。為人衝動，奸險，成事不足，敗事有餘。

天同、陀羅同宮，也是『刑福』格局，會性子慢，拖拖拉拉，又笨又懶，邪惡的心思放在心裡打轉，不說出來。在人的方面代表無用之人。在時間點上代表懶惰、笨及無作為的時間。且有牙齒方面的傷災、及斜視、眇目的外像。

天同、火星同宮或天同、鈴星同宮時，代表內心急躁、外表溫和，裡外不一，且有與黑道有關連。易有傷災、車禍之事。為人奸險。

天同和天空、地劫同宮，不論是和一個天空，或一個地劫同宮，亦或是在巳、亥宮和兩顆劫空同宮，都是『福空』和『劫福』的狀況。福氣都會空無。只是有一個天空和天同同宮或只有一個地劫和天同同宮時，雖說是『福空』、『劫福』，在那個時間點會操勞多一點，辛苦一點，其人思想會清高，不計較，當時看起來是沒福、操勞的樣子，但日後仍有收穫及後福。

當天同和地劫、天空三星同宮在巳、亥宮時，是真正的『刑福』刑到沒有福氣了。福全刑空了。在這個時間上容易遇災難，而無貴人相救，也容易生命消亡。因此要小心。

同陰、擎羊的『刑福』格局

天同、太陰、擎羊在子宮是『刑福』也『刑財』的雙重格局。在這個時間點上，人會比較陰險，心忙而無福，錢也賺少了，也會有傷災，因為內心的刑剋，好計較，有陰謀，在人緣上也會不好，受牽制。這是太敏感，以及其人有衝動的心態所導致的，**在午宮**，天同居陷、太陰居平、擎羊居陷，這是原本已窮困，但仍溫和的環境受到擎羊的再度攻擊，這是窮凶極惡的時間運氣。傷災、血光的問題，會雪上加霜使財窮的狀況更嚴重。是真正『刑福』刑到極點了。

同巨、擎羊的『刑福』格局

天同、巨門在丑、未宮同宮時，是雙星居陷的。擎羊是居廟的。但是已經在無福又多是非的處境上，又逢羊刃來襲。這是帶有血光、傷殘的意味（入命宮即有傷殘現象）的時間運程。倘若再在對宮或三合宮位中有火星、鈴星出現，這是會自殺（自縊或投水）的徵兆的運氣時間。

同梁、陀羅的『刑福』格局

在亥宮、天同是居平、天梁居廟、陀羅居陷，故三星同宮時，會因為笨和拖延、拖拖拉拉，而操勞到一點福氣也沒有了。同時，居廟的天梁也被陀羅『刑蔭』，但不嚴重。此種運氣仍是以『刑福』為主。

在申宮，天同居旺、天梁居陷、陀羅居陷。還是以『刑福』為主。因為天梁已居陷，沒有貴人運了，本身已是『刑蔭』格局。陀羅能磨的只有天同。故以『刑福』為主要對象。有此格局再逢此運時，會享福享不到，會因笨或思想不實際，缺少幫助而辛苦。

天相星的『刑福』格局

天相是福星也是印星。天相、擎羊在前面『刑印』的格局已經談過。當天相、擎羊同宮時，我們只稱其為『刑印』，事實上它也是『刑福』。但多

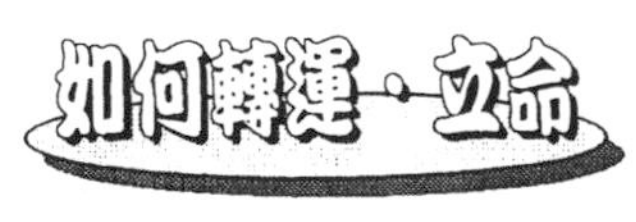

半以其特別在權力方面的剋制為主要訴求。

天相和陀羅、**天相和火星或鈴星同宮**，就是『刑福』了。因為天相星是善理財之星，又是勤勞的福星。和陀羅同宮時，理財能力不好、拖拖拉拉，頭腦笨和慢，做事做不好，而刑到本身的福氣。

天相和火、**鈴同宮**，尤其在巳、亥宮，也是與黑道有關。天相星是速度慢的星，被火、鈴速度快的星沖剋，自然不佳，且有血光、災禍，自然是『刑福』了。

武相、**陀羅同宮**，是刑福又刑財，會讓財進得慢，理財能力不好，耗財又多，武相坐命的人最喜歡享受了，此時享用少，自然是刑財又刑福了。但不算很嚴重。

紫相、陀羅同宮，是『刑福』又『刑官』，因為紫微也是官星，會做事做不好、能力差、有點笨，但長相不錯、很老實、理財能力不好、耗財多、升官慢、操勞不停、有傷災，但也不算太嚴重。

如何轉運・立命

本書是法雲居士集多年論命之經驗，與對命理之體會所成就的一本書。本書本來是為研習命理的學生所作之講義，現今公開，供給一般對命理有興趣的朋友來應用參考。

本書內容豐富，把紫微星曜在每一個宮位，和所遇到的星曜相結合時所代表的特殊意義，都加以一一說明。星曜在每個位置所代表的吉度，亦有詳細分析，因此本書是迅速進入紫微命理世界的鑰匙。有了這本『紫微算命講義』，你算命的技巧，立刻就擁有深層的功力，是學命者不得不讀的一本書。

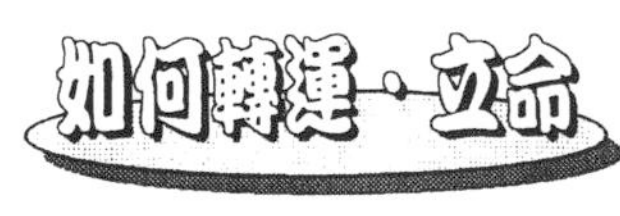

第七章 談『財』和『運、印、蔭、福』的綜合看法

三冊一套的書指的是『如何觀命、解命』、『如何審命、改命』以及此本『如何轉運、立命』。原本在寫第一本書的時候，想談一談一般厲害的、有功力的命理師在看命時所用的基本概念和方法。來幫助大家瞭解：真正論命是要用什麼樣的基礎和態度來看待自己的命運和人生。找出人生在逢到轉捩點時有什麼特殊原因後繼無力？這不是要安慰你、或是讓你自圓其說。而是讓你更明白、清楚的知道，臨門一腳的關鍵點在什麼位置上？好確確實實的讓你在下一個轉折處一球踢中，獲得一個滿堂彩。

在第一本書『如何觀命、解命』寫完後，發現要談的東西還這麼多。人命運的基礎就建立在『財』上，有財，就有命、有親緣、人緣、有享受和福祿，更會有智慧、有能力、有事業、有成就。反之，則孤獨刑剋、愚笨、窮困、命不長。

人命中的『財』是怎麼得到的呢？就是由『運、印、蔭、福』等條件聚攏、相結合而締造出來的。

當人的財留不住，賺得不夠多的時候，我們就可在自己的命盤上發現了『刑運』、『刑印』、『刑蔭』、『刑福』等格局了，所以『刑運、刑印、刑蔭、刑福』可以說是因，而『刑財』格局是果了。

另一方面專從『刑運』的角度來看，而『刑財』、『刑印』、『刑蔭』、『刑福』等，又是因，而『刑運』是果了。或是單從『刑印』、『刑福』、『刑蔭』來看，『刑財』、『刑運』又是因，『刑印』、『刑福』、『刑蔭』又是果了。

因此，實際上這些財、運、印、蔭、福的問題，根本就是在同一條鎖鍊上環境相扣的。

每一個人的命盤上都有羊、陀、火、鈴、劫、空、化忌等星，而這些星依生時、生年的不同，形成各種角度的刑剋，在我們的人生中變化多端。有時這些煞星避到閒宮，表面上看到好像是在疾厄宮、兄弟宮、子女宮、僕役宮等，好像還不壞。至少不在命、財、官中，而命、財、官是漂亮的格局。但疏不知這是由人基本的健康壞起，可能生不出小孩，或是由平輩的助益壞起，更增加了做事的艱難度，賺錢更困難，要多花幾倍的力氣來賺錢。這些閒宮表面看起來無用，卻是生命的本源中資源匯集之處，因此受傷剋也是造成本命中資源短缺，生命中的財會少、後繼無力的原因之一。

若是煞星直接在命盤中的命、財、官、夫、遷、福中，就立即顯現了其人的打拚力不足，或是太煩心，或是思想清高，不實際而影響財的獲得。這是直接刑剋到『財』了。如此的命局在生命上會艱苦、短暫，也會成就不高，享用不多了。

現在舉兩個例子來說明一下『財』、『運』、『印』、『蔭』、『福』綜合起來的看法和關係。

（例一）

這位先生是太陽居平化祿、巨門居廟、祿存、火星、天馬坐命申宮的人。表面看起來是命中有雙祿，又是『祿馬交馳』的狀況，命不錯。但是這是陽巨在申宮的『祿』。太陽是官星，不是財星，又是日落西山，帶有化祿，只是性格上圓滑，做人人緣尚好。有巨門居廟，口才好，會有點嚕囌。祿存和在申宮的陽巨同宮，所代表的祿也不算多了。因為陽巨的財本是工作薪資之類的財。縱有祿存同宮，也是薪資可供衣食的財祿。有『祿馬交馳』的狀況，還需東奔西跑的去賺才有。但是還有火星同宮，表示『祿逢沖破』，於是又使本命中的祿層次減低、減少了一點。

這位先生在父母宮有天相、擎羊是『刑印』的格局，表示父母根本管不了他。對他無法行使父母的權力，當然這也是『刑福』格局，亦表示此人自幼便得不到父母的照顧，在日後工作上的升官運，升職運也得不到上司、長輩的提攜，這也等於和長輩、上司或年紀比自己大的人的關係劃上了無緣的

某先生之命盤

子女宮 天府 地劫 天空 辛巳	夫妻宮 天同化科 太陰化忌 壬午	兄弟宮 武曲化權 貪狼 陀羅 癸未	命宮 太陽化祿 巨門 祿存 天馬 火星 甲申
財帛宮 文昌 鈴星 左輔 庚辰	陰男 水二局		父母宮 天相 擎羊 乙酉
疾厄宮 廉貞 破軍 己卯			福德宮 天機 天梁 文曲 右弼 丙戌
遷移宮 戊寅	僕役宮 己丑	官祿宮 戊子	田宅宮 紫微 七殺 丁亥

符號。此人一直在軍旅中生活，因為陽巨在申宮的關係，四十歲便退休而無業，靠終身俸而過日子，倒也愜意。

這位先生的夫妻宮是天同化科、太陰化忌，子女宮是天府、地劫、天空。子女宮是『刑財』格局，表示本人的才華空空，也無子女。這個原因就源起於其人內心也是『刑財』的格局所致。夫妻宮也代表人內心的想法，太陰居陷化忌，是刑財刑得很凶了。幾乎沒有財，還有是非。很明顯的，此人的內心是看起來溫和，但非常小氣，而且有異於常人的怪異想法。他也會看一點命理，因此想找命格好、有財的人來作配偶。但一直找不到，所以一直蹉跎不婚。

這非常的有趣，一個本命財不多，但小氣，才華能力都少的人，卻想找財多、好命的人來助旺自己，自己的心態上已有小奸小詐了，別人焉能不知？自然不容易找到囉！倘若放不開心胸，頭腦仍如此不靈光，只有孤獨一生了。即使是他真的用盡心機找到了，在他夫妻所代表的內心世界中，就是一個不懂得溫柔、體諒，財少的世界。他也會找到一個財少的配偶（他可能會上當，

結了婚才發覺妻子無財），並且雙方會以錢財問題，感情不睦。也有再離婚的可能。這是他心態的問題，也是他思想上的錯誤想法所導致的。

夫妻宮是『刑財』格局，就是其人內心在刑財。夫妻宮財窮，也是其人內心財窮，用這種財窮的心態和思想來做事，縱使命格中有雙祿，仍是永無富裕之日的。因此我們也看出此人的財富格局出來了。

（例二）

這位女士是武曲化祿坐命戌宮的人，遷移宮有貪狼化權，是非常強勢命格的人，在辰、戌年都有暴發運、偏財運，一生每隔六年就會暴發一次。但是在巳年，走巨門、陀羅運時，卻事業倒閉，欠債了，非常鬱卒。我們看看她人生中到底問題出現在何處？為什麼這麼財多，具有好運掌控力的人，也會有命運不濟的一天呢？

這位女士是武曲化祿坐命的人，算是雙財星坐命的人。遷移宮中有貪狼化權，表示在環境中對好運、旺運有主控力，隨時能掌握好運而得財。但是在命格中有幾個缺點。

一、是子女宮有天梁化科、擎羊、文昌、文曲化忌。這是『刑蔭』的格局，表示她對子女的照顧不周全，而且口拙，雖然她是用溫和的、有氣質的方法在和子女相處。但仍然無法深入子女的心，不瞭解他，也沒辦法給子女所想要的東西。事實上她整天忙著賺錢，小孩只與父親親密，和她是有距離的。子女宮不好的人，就表示才華出了問題。有『刑蔭』格局在子女宮，也表示她在照顧一切的東西，包括照顧事業，也會照顧不好。

二、她的夫妻宮是七殺、天鉞、天空、天刑。官祿宮是紫府、地劫。天空、地劫是相對照的，這也表示婚姻和事業是在同一條線上，事業不好，是『刑財』格局（地劫和天府同宮），婚姻運也會不好。事實上她因債務的關係，獨自承擔，而和先生離婚了。

她的夫妻宮是七殺、天鉞、天刑、天空，表示此人的內心是強勢的、清高的，不重厲害關係的，帶有自我刑剋的色彩。有錢的時候願意大家一起用，沒錢的時候，自己獨自承擔債務，不想連累配偶。另一方面也表示配偶沒有助力，也沒有同甘共苦的心。

※夫妻宮有七殺的人，對感情會很執著，對愛情會堅貞。但有時因對感情太執著，太注重原則，沒有轉圜的空間，也會對自己有傷害，而感情不順利了。但夫妻宮有七殺的人，並不是都會離婚，要看配偶的感情模式好不好。有些人反而喜歡此種堅貞感情型態的人，配合得好，也一生幸福美滿的。

三、她的田宅宮是天機陷落、鈴星。武曲坐命的人都有家宅不寧的問題。因為田宅宮是天機陷落。而這位女士是天機陷落加鈴星，表示家中會有突發事件而不和，要分離。果然在巳年走巨門、陀羅運時，因事業做不好了，而家庭巨變。目前此女四十三歲正走在田宅宮的天機陷落、鈴星的大運上，也是大運上早有破敗之象，只是她自己不知道而已。

事實上，武曲坐命的人，一生總會逢到一次，失去一切，再從頭開始的狀況，這是命運的劫難，也是武曲坐命者人生起伏律動的韻律。所以我勸她不要太悲傷、鬱卒，要振作起來，開創新局。她說：現在很窮，連出門都不敢出門，怕花車錢。我說：妳千萬別想不開、要省錢。你的遷移宮是貪狼化權，一定要動才會有好運。而且你是具有十分強勢的力量可掌控好運、旺運的。若是不動、不出門，就絕對沒有機運了。她說：因為欠債，和家裡的人、親戚、朋友都不敢見面了，心裡很孤單。我告訴她說：這個過程是必然的，一定要忍耐、要穩住。馬年走財帛宮的運程是廉相、祿存時就慢慢有積蓄，可漸漸把債務打平了。

財星坐命的人，沒有錢就像沒有了命一樣，抬不起頭來做人。即使是錢少一點也覺得不算光彩，走在路上好像怕人指指點點似的。這一點是他們內心對財敏感的特質。事實上，在這個世界上、社會裡財窮的人多，誰管你這一遭呢？

這位女士的財帛宮是廉相、祿存，官祿宮是紫府，雖有一個地劫。但『命、財、官』的層次高，等走到下一個大運，在四十六歲以後便會漸漸富有了。而且每六年一次的暴發運，會更助長財富的累積，前途大好，指日可待。這一次的破產，我想她可學到很多的做事經驗，和人情冷暖。下一次發運時，就會親自親為的保護自己的事業，而不會把事業交與別人管，親信別人了。所以這一次的失敗真正是在為自己買一個經驗了。

某女士之命盤

疾厄宮	財帛宮	子女宮	夫妻宮
巨門 陀羅 乙巳	廉貞 天相 祿存 庚午	天梁化科 擎羊 文昌 文曲化忌 辛未	七殺 天鉞 天空 天刑 壬申
遷移宮 貪狼化權 陰煞 戊辰			**兄弟宮** 天同 台輔 癸酉
僕役宮 太陰 左輔 丁卯			**命宮** 武曲化祿 甲戌
官祿宮 紫微 天府 地劫 丙寅	**田宅宮** 天機 鈴星 丁丑	**福德宮** 破軍 火星 天魁 天姚 丙子	**父母宮** 太陽 右弼 天馬 乙亥

紫微賺錢術

法雲居士⊙著

從前有諸葛孔明教您『借東風』，
今日有法雲居士教您『紫微賺錢術』。
這是一本囊括易術精華的致富法典，
法雲居士繼「如何算出你的偏財運」一書後，
再次把賺錢祕法以紫微斗數向您解盤，
如何算出自己的進財日期？
何日是買賣股票、期貨進出的大好時機？
怎樣賺錢才會致富？什麼人賺什麼錢？
偏財運如何獲得？賺錢風水如何獲得？
一切有關賺錢的玄機技巧，
盡在『紫微賺錢術』中，讓您輕鬆的獲得令人豔羨的成功與財富。您希望增加財運嗎？ 您正為錢所苦嗎？這本『紫微賺錢術』能幫助您再創美麗的人生！

法雲居士⊙著

『男怕入錯行，女怕嫁錯郎』。

現在的人都怕入錯行。您目前的職業是否真是適合您的行業？入了這一行，為何不賺錢？您要到何時才會有令自己滿意的收入？

法雲居士用紫微命理幫您找出發財、升官之路，並且告訴您何時是您事業上的高峰期，要怎麼才會找到自己有興趣的工作？要怎麼才能讓工作一帆風順、青雲直上，沒有波折？

『紫微幫你找工作』就是這麼一本處處為您著想，為您打算，幫助您思考的一本書。

好運隨你飆

法雲居士⊙著

經濟不景氣要會算運氣、算命運！
在亂世要命強、命硬才能繼續生存！
算命到底在算什麼？算命就是算『時間』！
也就是算『因時間點移動、變化後，人在應對周遭人、事、物的情緒，會產生什麼變化？以及總體狀況所產生之結果。』

『好運隨你飆』這本書就是專門討論『運氣』和『時間點』上所形成的關鍵問題的一本書。

法雲居士用紫微斗數的命理方式教您解讀人生中幾個重要運氣的存在關鍵，以及時間點交叉、重疊時能形成好運氣的方法。

法雲居士⊙著

『面相』是一體兩面的事情，我們可以從一個人的外表來探測其內心世界，也可從一個人所發生的某些事情來得知此人的命運歷程。『紫微面相學』更是面相中的翹楚，在紫微命理裡，命宮主星便顯露了人一切的外在面貌、精神與內在的善惡、急躁、溫和。

『紫微面相學』能從見面的第一印象中，立刻探知其人的內在性格、貪念，與心中最在意的事，與其人的價值觀，並且可以讓您掌握到此人的所有身家資料。

『紫微面相學』是一本教您從人的面貌上，就能掌握對方性格、喜好，並預知其前途命運的一本書。

『紫微面相學』同時也是溫故知新、面對自己、改善自己前途命運的一本好書！

用你的運氣來減肥瘦身

法雲居士⊙著

人身邊的運氣有好多種，有好運，
也有衰運、壞運。通常大家只喜歡好運，
用好運來得到財富和名利。

但通常大家不知道，所有的運氣都是
可用之材。

衰運、壞運只是不能為您得財、得利，
有禍端而已，也是有用處的。只要運用
得當，即能化險為夷，反敗為勝。並且
運用得法，還能減肥、瘦身、養生。

這是一種不必痛、不必麻煩，會自然而
然瘦下來的瘦身減肥術，以前減肥失敗
的人，不妨可以來試試看。

學會這套方法之後，會讓你的人生全部充滿好運和希望，所有
的衰運、壞運也都變成有用的好運了。

如何用偏財運理財致富

法雲居士⊙著

偏財運會創造人生的奇蹟，

偏財運也會為人生帶來財富，

但『暴起暴落』始終是人生中的夢魘。

如何讓暴發的財富永遠留在你的身邊，

如何用一次接一次的偏財運增高你的人生
格局。

這本『如何用偏財運來理財致富』就明確
的提供了發財的方法和用偏財運來理財致
富的訣竅，讓你永不後悔，痛快的過你的
人生！

法雲居士⊙著

讓老天爺站在你這邊幫忙你考試

老天爺給你一天中的好時間、給你主貴的『陽梁昌祿』格、給你暴發的好運、給你許許多多零碎的、小的旺運來幫忙你 K 書、考試，但你仍需運用命理的生活智慧來幫你選邊站，老天爺才會站在你這邊！

如何運用運氣來考試

運氣是由許多小的時間點移動的過程所形成的，運用及抓住好的時間點，就能駕馭運氣、讀書、K 書就不難了，也更能呼風喚雨，任何考試都讓您手到擒來，考試運強強滾！考試你最強！

樂透密碼

法雲居士⊙著

偏財運的暴發能量 ＝ 人的質量 × 時間^2
（本命帶財）

會中樂透彩的人，必有其特質，
其中包括了『生命財數』與『生命數字』。
能中樂透彩的人必有暴發運，
而世界上有三分之一的人擁有暴發運。
因此能中樂透彩之人，必有其數字金鑰及生命密碼。如何運用這個密碼和金鑰匙
打開生命中的最高旺運機會，
又將在何時掌握到這個生命的最高峰，
這本『樂透密碼』，
將會為您解開『通往幸運之門的答案』！

VENUS PUBLISHING CO.
金星出版
命理生活新智慧・叢書